Abuso Infantil

Evaluación

y

Tratamiento Clínico

Primera edición en español - Print on Demand

Copyright 2001 Libros en Red,
Una marca registrada de Amertown International S.A.
www.librosenred.com
editorial@librosenred.com

ISBN: 987-1022-29-8

Hecho el depósito que marca la ley 11.723

Producido en: Libros en Red
www.librosenred.com

Impreso en Estados Unidos

Abuso Infantil

Evaluación

y

Tratamiento Clínico

Giovanna De León

Catalina Alvarez

Una edición de:

Una marca registrada de
Amertown International S.A.

www.librosenred.com

Trabajaron en la edición de esta obra:

Diseño de Tapa y edición: Patricio Olivera

Responsable de Comunicación: Andrés Rivas

Dirección: Marcelo Perazolo

Responsable de esta edición: Ivana Basset

En los talleres de LibrosEnRed
editorial@librosenred.com

Para encargar más copias de este libro o conocer otros libros
de esta colección visite: www.librosenred.com

www.librosenred.com

¿Qué es Libros en Red?

LIBROS EN RED es la más completa Editorial Digital de la red en idioma español. Desde junio de 2000 trabajamos en la edición y venta de libros digitales e impresos a demanda.

Nuestra misión es facilitar a todos los autores la **EDICION** de sus obras y ofrecer a los lectores acceso rápido y económico a libros de todo tipo.

Editamos obras (libros, tesis, estudios, manuales, monografías) y brindamos la posibilidad de **COMERCIALIZARLAS** desde Internet para millones de potenciales lectores de lengua hispana.

De este modo, intentamos fortalecer la difusión de los autores que escriben en español. Todo ello además, permitiendo que los autores **conserven sus derechos de copyright** y obtengan **una ganancia 300% o 400% mayor** a la que reciben en el circuito tradicional.

Actualmente disponemos de cientos de títulos clásicos y de varias decenas de libros de autores actuales en los más variados temas, estimando llegar a una colección de más de 2000 obras en menos de dos años.

Visítenos en: www.librosenred.com

A todos esos niños y niñas que tuvieron el valor

de hablar y denunciar su abuso...

A otros muchos que sufrieron,

o aún sufren, en silencio.

La batalla no estará ganada

mientras la violencia exista

en la vida de un niño o niña.

Por todos ellos y ellas aunados en el dolor,

es nuestra lucha y nuestros esfuerzos.

INTRODUCCIÓN

El tema de abuso infantil ha sido y continúa siendo uno de los temas más estudiados en los Estados Unidos. ¿Cómo un adulto puede herir a un niño o niña? Esa es la pregunta que, desafortunadamente, todavía no se ha podido definir con exactitud. Cientos de niños(as) siguen siendo abusados(as) todos los días alrededor del mundo, por una u otra razón. Pero, asimismo, solamente con estar informado y leer al respecto podrá ayudar, en un futuro, a prevenir o a intervenir en casos de abuso infantil.

Este libro ha sido escrito con el propósito de ayudarlo a enriquecer su conocimiento clínico, a aplicar conceptos teóricos y a implementar nuevas técnicas, con el propósito de ayudar a prevenir o detectar diferentes tipo de abuso infantil y sus repercusiones.

Al estudiar este libro, usted aprenderá que el abuso infantil es ilegal y que muchos de los comportamientos anormales observados en los niños(as), como consecuencia del abuso infantil sufrido, pudieran ser prevenidos si usted, como adulto(a) responsable, busca la ayuda debida. De otra forma, todos estos comportamientos inusuales se manifestarán, de una u otra manera, a lo largo de la vida de un ser humano.

Para finalizar las autoras les urgen que continúen aprendiendo y adquiriendo más conocimientos para poder algún día reducir la alta incidencia de abuso infantil a nivel mundial.

Muchas gracias,

Giovanna y Cathy

DEFINICIÓN DE ABUSO INFANTIL

Para muchas personas, abuso infantil es el daño corporal de un niño o niña (golpearlos, abrirles una herida, ojos hinchados) entre muchos ejemplos. En realidad, abuso infantil va más allá de estas estipulaciones. El abuso infantil en sí se puede catalogar de la siguiente manera:

- Abuso físico

- Negligencia física

- Abuso sexual

- Abuso emocional

El acto de causar una lesión en un niño(a) o el permitir que un niño(a) sea lesionado(a), ya sea físicamente o emocionalmente, es el punto determinante para que usted intervenga.

Es aquí cuando el (la) agresor(a) comienza a causarle mínimas lesiones al niño(a) que se van acumulando, a través del tiempo, resultando eventualmente en cicatrices imborrables. El detectar las lesiones iniciales o síntomas de abuso es crucial para detener y prevenir futura lesiones o muertes de los niños o niñas.

Las lesiones físicas, la negligencia severa y la malnutrición son cuadros clínicos fácilmente reconocibles, en comparación con aquellas lesiones menos visibles que resultan como consecuencia del abuso emocional o del abuso sexual infantil. Sin embargo, cualquier tipo de abuso infantil impide el desarrollo normal tanto físico como mental de un niño o una niña.

Una de las primeras acciones de parte de un niño(a) que usted debe considerar seriamente como sospecha de abuso infantil, **es cuando el niño(a) se lo comunica a un adulto o a una tercera persona. Es esencial que cuando un niño(a) le dé a sospechar que él o ella está siendo abusado(a), usted, como persona responsable contacte inmediatamente a las autoridades debidas para que se investigue, se prevenga y se detenga al agresor(a) o agresores, en un futuro.**

En los Estados Unidos, por ley, hay profesionales que están obligados(as) a reportar casos de abuso infantil en cuanto tengan la mínima sospecha o el conocimiento que un niño(a) esta siendo abusado(a) o amenazado(a). De lo contrario, este(a) adulto(a) pudiera ser enjuiciado(a). En caso que se presente esta situación, el profesional debe reportarlo a las autoridades inmediatamente. Los profesionales que reportan sospecha de o abuso infantil tienen inmunidad civil y criminal en los Estados Unidos; como consecuencia, no se les puede demandar.

TIPOS DE ABUSO INFANTIL

Abuso físico

El abuso físico puede ser definido como una lesión corporal causada por un agresor(a) como resultado de un acto de violencia en contra de un niño o niña. Estas lesiones físicas infringidas por el agresor(a), casi siempre son el resultado de castigo corporal severo o injusto. El abuso físico usualmente ocurre cuando el agresor(a) esta disgustado(a), o se encuentra bajo la influencia del alcohol o una sustancia ilegal; y empuja, sacude o le pega al niño o la niña.

Además del daño corporal, también se considera abuso infantil el asalto físico intencional y deliberado, por ejemplo, quemar, morder, cortar, torcer las piernas, brazos o cualquier otro tipo de tortura.

Indicadores de abuso físico

A continuación se describen los indicadores que se utilizan principalmente para distinguir entre lesiones accidentales y la sospecha de abuso físico.

Área de la lesión

El área del cuerpo de un niño(a) donde más se han concentrado los (las) agresores (ras) en infringir una lesión, de acuerdo con las estadísticas reportadas y comprobadas, es el área trasera que se extiende desde el cuello hasta las rodillas. Por supuesto, estas áreas son las menos evidentes.

Antecedentes

Los antecedentes incluyen todos los hechos relacionados con el (la) niño(a) y la lesión, por ejemplo:

* El niño(a) reporta que la lesión fue causada por abuso.

* El reconocimiento que la lesión es inusual para esa edad particular. Ej. cualquier fractura en un (una) bebé.

* Lesiones que no se pueden explicar, por ejemplo: los padres (las madres) son incapaces de dar una razón justificada acerca del origen de la lesión; se presentan contradicciones en la explicación; se culpan a otras personas y las explicaciones o razones dadas son inconsistentes con los hallazgos médicos.

Indicadores en la conducta

Las siguientes conductas pueden ser el resultado de abuso infantil:

* El evitar o retrasar la búsqueda de ayuda apropiada, ya sea por los padres, las madres o

aquellos individuos que cuidan al niño o la niña.

- El niño(a) demuestra conductas excesivamente pasivas, es demasiado dócil o temeroso(a) o por el contrario, es excesivamente agresivo(a) o violento(a).

- El niño(a), sus padres (madres) o aquellas personas que lo (la) cuidan pretenden esconder las lesiones; el (la) niño(a) se viste con ropa que cubre su cuerpo totalmente.

- El niño(a) se ausenta frecuentemente de la escuela o no asiste a la clase de educación física.

Tipos de lesiones

Lesiones de la piel y tejidos cutáneos:

Hematomas (moretones)

Los hematomas que se adquieren como resultado de abuso físico pueden ser encontrados en varias partes del cuerpo de un niño(a), particularmente en el área de los glúteos, espalda, genitales y la cara. Estas lesiones pueden presentarse en una forma muy particular, por ejemplo: la forma de una mano o dos moretones muy cercanos uno al otro como resultado de un pellizco. A su vez, estas lesiones pueden tener la forma de un anillo, un gancho (percha), una correa, etc.

Cualquier marca que vaya alrededor del cuerpo ya sea de correa u otro tipo, indican siempre abuso físico infantil. Los hematomas múltiples pueden ser todos del mismo color o de diferentes colores cuando el abuso ha ocurrido intermitentemente. Los lesiones rojizas, rojizas-azulosas, violetas, negras-moradas, verde obscuras, verde pálidas o amarillosas reflejan varias fases de curación. Cuando las lesiones reflejan diferentes colores, es siempre necesario tomar fotografías de ésas, para ayudar a dilucidar la investigación en los casos de abuso infantil.

Cuando se sospecha que las lesiones se deben a mordidas entonces los investigadores deben buscar la ayuda de odontólogos forenses para poder definir el origen de las lesiones.

Los golpes fuertes al cuerpo dados con objetos pesados como lo son los bates, las bolas de béisbol, el puño de la mano producen usualmente hematomas musculares profundos o hemorragias. Estos hematomas raramente se presentan sin color y pueden ser observados en las radiografías eventualmente.

Quemaduras

El área de la quemadura (lesión) y sus características como son su forma, profundidad y sus bordes podrían indicar abuso físico. Es importante recordar que la mayoría de los niños(as) instintivamente se retraen de cualquier situación que les cause dolor físico. Cuando un niño(a) trata de escapar de una quemadura, su lesión aparece en una forma desproporcionada, y a veces, hasta se quema las manos en su intento de combatir el abuso. Por el contrario, usted deberá sospechar de abuso físico cuando la lesión no denote trazos de que el niño(a) trató de escaparse, dándole así indicio de que el niño(a) fue sometido(a) involuntariamente al abuso.

El escaldar a un niño(a) con agua caliente es la quemadura más frecuentemente observada. En la mayoría de los casos reportados, las quemaduras son claramente definidas. Si al niño(a) se le sumerge en un tanque de agua caliente, probablemente solamente sus genitales y sus glúteos resultarán quemados. Si se le sienta, entonces la forma de la quemadura será redonda. Si sus manos o pies son los que se sumergen en agua caliente, entonces las quemaduras resultantes serán en forma de guante o medias. Las quemaduras son usualmente simétricas y la línea de inmersión es evidente.

Las quemaduras en forma de estrías (lineales) indican abuso. Tales quemaduras son el resultado directo de haber tomado al niño(a) por sus pies y manos y haberlo(a) sometido a un chorro de agua caliente. Al doblarle sus manos y pies se va a proteger el área abdominal y los muslos dejando así las quemaduras como marcas lineales.

El abuso también puede dar motivo a sospecha cuando las quemaduras son más intensas o agudas en el medio. Esto indica que se le derramó un líquido muy caliente al niño(a) en esta zona o que se le quemó precisamente con un objeto caliente como un cuchillo, tenedor, la punta de un machete, etc. Otro tipo de quemadura muy característica de abuso es cuando la lesión se presenta en forma muy definida como lo es, por ejemplo el quemar a un niño(a) con las pinzas calientes, con un hierro caliente, con agujas, etc.

Las quemaduras infringidas por cigarrillos son difíciles de diagnosticar. Sin embargo, cuando ocurren son múltiples y usualmente aparecen en las palmas de las manos o pies.

Las quemaduras de las sogas aparecen en las muñecas o en los tobillos de aquellos niños(a) que han sido atados(a) a un árbol, cama o cualquier otro lugar.

Mordidas

Las marcas de las mordidas pueden aparecer en cualquier parte del cuerpo de un niño(a) y usualmente su forma es circular o en forma de la herradura de un caballo. En algunas mordidas, las impresiones de los dientes pueden ser observadas y utilizadas para identificar al agresor. En los Estados Unidos, las impresiones dentales son evidencias admisibles en las cortes judiciales del estado de California y muchos otros.

El tiempo es crucial en cuanto a este tipo de lesión se refiere. A medida que pasa el tiempo la lesión va perdiendo su aspecto y se hace más complicado poder dilucidar su origen. Este tipo de lesión debería ser fotografiado inmediatamente y la saliva debe ser examinada por expertos para poder determinar el tipo de sangre.

Abrasiones y laceraciones

Las variaciones y las áreas donde se presentan las heridas deben ser consideradas, como son, por ejemplo las lesiones que ocurren debajo de la lengua o cuando se detecta un frenillo lacerado. Estos tipos de lesiones pueden ser el resultado de la utilización de fuerza excesiva, especialmente cuando se alimenta a un infante. Ambas lesiones son consideradas como sospechosas cuando el infante todavía no se puede ni sentar ni parar por sí solo.

Pegarle al niño(a) con una correa o con una hebilla podría causar una laceración en forma de "C" o "U" y también podría dejar otras marcas muy distintivas.

EL DAÑO AL CEREBRO

Lesiones Cerebrales

Cuando existe sospecha de abuso o negligencia, siempre se debe recomendar una rigurosa evaluación médica del niño(a), para examinar el área ocular y el sistema nervioso a fin de descartar la posibilidad de lesiones en el área intracraneal. La radiografía del cráneo es importante para aquellos niños(a) que se sospecha están siendo abusados(as). Desdichadamente, las lesiones intracraneales severas pueden ser o no evidentes en el área de la cara o cuero cabelludo y así la radiografía del cerebro podría salvarle la vida a un niño o niña. Estas lesiones, si no son detectadas, pueden causar daños permanentes al cerebro o pueden causar la muerte al niño(a) si no se les trata inmediatamente.

Las lesiones cerebrales son las causas más comunes de muerte asociadas al abuso infantil, y son causa de las discapacidades crónicas neurológicas.

Síndrome Infantil Motivado por el Sacudimiento

Los elementos esenciales de este síndrome se presentan como una contradicción en el diagnostico, porque la hemorragia intracraneal o intraocular ocurre en ausencia de síntomas o lesiones externas cerebrales. El sacudir a un niño(a) o el usar la fuerza excesiva podría causar no solamente lesiones cerebrales, sino también a los huesos largos.

Dos síntomas indicativos de este síndrome pudieran ser vomitar y el agrandamiento rápido de la cabeza. También pudieran existir lesiones leves que no puedan ser diagnosticadas inmediatamente, pero, con el tiempo, causan mucho daño. Los traumas más severos como son la ceguera, la sordera o la parálisis pueden aparecer más temprano o manifestarse inicialmente como traumas neurológicos o problemas de aprendizaje.

La muerte puede ser causada por este tipo particular de abuso. A cada niño(a) que muere durante su infancia en los Estados Unidos, se le hace una rigurosa autopsia para determinar la causa de muerte o para prevenir diagnósticos falsos.

EL DAÑO A OTROS ÓRGANOS INTERNOS

Lesiones Internas

Pegarle muy fuerte a un niño(a) con un objeto pesado o con fuerza excesiva, puede causar serias lesiones al hígado, vesícula, páncreas, riñones y otros órganos vitales. Ocasionalmente, puede causar una reacción que termine con la muerte. Esta es la segunda causa más importante de muerte entre las víctimas reportadas por abuso infantil.

Las evidencias superficiales que pueden ser detectadas como consecuencia de una lesión interna ocurren muy pocas veces. La distensión del abdomen, la sangre en la orina, el vómito y el dolor abdominal son indicadores serios de una lesión interna grave.

DAÑOS AL ESQUELETO

Fracturas

Cualquier fractura inexplicable en un (a) infante(a) o preescolar es causa suficiente para que se investigue o se cuestione. Las fracturas, en espiral de los huesos largos (virarles sus brazos o piernas), son el resultado casi siempre de abuso físico, especialmente, cuando el niño(a) aún no camina.

Otras fracturas que pudieran indicar abuso son las encontradas al final de los huesos largos, las múltiples fracturas de las costillas especialmente la parte trasera, y la presencia de antiguas fracturas encontradas en radiografías recientes.

Negligencia Física

La **negligencia** física es el acto de negarle o impedir que se le ofrezca la atención medica o atención necesaria a un niño(a), con el propósito de afectarle su salud o su bienestar. El término negligencia involucra el acto de no ofrecerle la atención médica debida o impedir que al niño(a) se le dé otro tipo de atención necesaria para su bienestar. La negligencia puede ser catalogada como severa o general.

La **negligencia severa** se define como el fracaso intencional, de parte de los padres del niño(a) o la persona que los cuida, de no proteger al niño(a) resultando así en casos severos de malnutrición, enfermedad o de no atender a sus necesidades básicas diarias. Esta negligencia también ocurre cuando los padres (las madres) o persona que cuida al niño(a) permiten que la salud o el bienestar de éste(a) sea puesto en peligro por una u otra razón, como es el caso de no suministrarle al niño(a) alimentos, ropa, un albergue apropiado o atención médica.

La **negligencia general** se define como un fracaso intencional de parte de los padres del niño(a) o de la persona que lo (la) cuida de no proveerle(a) alimentos adecuados, ropa, albergue o atención médica cuando no hay evidencia física que el niño(a) ha sido abusado(a).

La negligencia también puede ocurrir como consecuencia de que los padres (las madres) dejen a los niños(as) solos(as) en las viviendas sin supervisión adecuada por largo tiempo. A pesar de que los padres (las madres) no se definan como abusadores (as), el dejar a los (las) niños(as) muy jóvenes solos(as) en la casa pudiera constituir negligencia general. Sin supervisión adecuada, estos niños(as) pudieran ser expuestos(as) a accidentes, lesiones o crimen.

Indicadores de Negligencia

La negligencia de parte de los padres, las madres o persona que cuida al niño(a) pudiera ser sospechada si las siguientes condiciones se presentan:

- El niño(a) carece de atención médica o dental.

- El niño(a) está siempre con sueño o con hambre.

- El niño(a) está siempre sucio(a), demuestra pobre higiene personal o su ropa no es adecuada para la época del año.

- Hay carencia de supervisión adecuada como lo es el niño(a) que se cae frecuentemente de las escaleras, aquel (aquella) que ingiere líquidos dañinos, que reporta que otro niño(a) es el que lo (la) supervisa, cuando el niño(a) reporta estar solo(a) en casa entre otros muchos ejemplos.

- Las condiciones en la casa son insalubres, como son que, adentro de la casa hay basura, excremento humano o animal etc.

- Cuando no se alimenta al niño(a) a pesar de poder hacerlo.

Obviamente, algunas de estas condiciones se pueden presentar en cualquier hogar; sin embargo, es la extrema o persistente aparición de estos factores que indican que sí existe algún grado de negligencia.

Síndrome de Hospitalización

Los infantes o niños(as) que son muy pequeñitos (tas) en comparación con otros niños(as) de su misma edad pueden resultar un problema diagnóstico para los médicos siempre y cuando su estatura no esté relacionada con una condición genética o biológica. La mayoría de estos niños(as) son pequeños(as) porque padecieron de una carencia afectiva o nutricional. Como resultado de esta carencia, estos niños(as) pudieran exhibir, en un futuro, retardo en su desarrollo y problemas de conducta.

La hospitalización de estos(as) niños(as) pudiera ocurrir para administrarles los nutrientes necesarios, para intentar aumentarles el peso rápido y para ayudarlos(as) a establecer una conducta más apropiada a su edad. La evaluación, una vez que el niño(a) ha sido hospitalizado(a) consistirá en algo más que medir o pesar al niño o niña. La interacción entre el niño(a) y su madre durante la alimentación deberá ser observada. De igual manera, se deberá observar que forma el (la) infante responde a su madre o padre.

La salud física o mental de estos niños(as) pudiera convertirse en alto riesgo, si no se les ofrece el tratamiento médico adecuado a tiempo. Al pasar los años, esta carencia de atención médica pudiera llevar al niño(a) a exhibir desórdenes emocionales, problemas académicos y retardo social entre muchos otros.

Abuso Sexual

El abuso sexual se define como cualquier asalto de tipo sexual cometido con un(a) menor de edad o su explotación sexual. El abuso sexual puede involucrar actos sexuales repetitivos, ocurridos a lo largo del tiempo, o simplemente puede consistir de un solo acto de índole sexual. Las edades de las víctimas reportadas oscilan entre menores de un año a adolescentes. Específicamente, el asalto sexual incluye la violación, la violación en grupo, incesto, sodomía, actos lascivos, sexo oral, penetración genital o anal realizada con un objeto y molestia sexual de un(a) menor de edad. La explotación sexual de un(a) menor de edad se refiere a aquellas conductas o actividades relacionadas con la pornografía de los (las) menores o a promover la prostitución de éstos.

Para el (la) niño(a) resulta muy dificultoso poder delatar al agresor(a). Esta tarea se les hace difícil debido a la naturaleza del abuso sexual, los sentimientos de culpabilidad y vergüenza que la víctima siente, la posibilidad de delatar a su padre o madre, amigos(as), padrastro o madrastra, o cualquier otra persona que cuide del (de la) menor. Sin embargo, a pesar de ser una tarea muy ardua los reportes de abuso sexual continúan aumentando anualmente, por lo menos en los Estados Unidos. Este aumento sorprendente se atribuye a la nueva ley donde se obliga a ciertos(as) profesionales a reportar el abuso, al aumento de conciencia social y a aquellos(as) profesionales que detectan y reportan la presencia de abuso infantil.

Muchas veces se acusa al niño(a) de estar inventando historias, especialmente cuando el (la) agresor(a) es una persona estable y respetada por la comunidad. Como resultado, el (la) niño(a) se siente amenazado(a) y presionado(a) por el agresor(a) y retracta su historia sobre su abuso sexual. Este proceso de hacer que el (la) niño(a) se sienta culpable por haber causado tanto problema en la familia crea en el (la) niño(a) una impotencia y una culpabilidad probablemente imborrable.

La realidad más triste es que una vez que el niño(a) niega el haber sido abusado(a) sexualmente, siempre se sentirá atrapado(a) por ese mismo secreto, por la vergüenza, el miedo y las amenazas del agresor(a) hacia su persona.

Indicadores de Abuso Sexual

El abuso sexual infantil puede manifestarse ampliamente como problemas de conducta, problemas en la esfera social o como síntomas físicos. Sin embargo, si solamente nos enfocamos en uno o dos de estos problemas, probablemente no lo diagnosticaríamos como resultado de abuso sexual. Es importante enfatizar que los síntomas son una guía y que no se deben examinar independientemente uno del otro. Los síntomas reportados deberán ser considerados siempre dentro de un cuadro clínico para poder ser evaluados con la mayor exactitud posible.

Señales de alerta sobre el abuso sexual

- El niño(a) le ha dicho a un amigo(a), compañero(a) de escuela, al maestro (a la maestra), a un amigo(a) de la mamá, del papá o a otro(a) adulto(a) de confianza que él o ella ha participado en una actividad sexual.
- La ropa íntima del niño(a) esta manchada, rota o tiene manchas de sangre.
- El saber que la lesión que el niño(a) presenta o la enfermedad no es común para su edad específica.
- El tener conocimiento de las enfermedades o lesiones previas del niño(a).
- Cuando existen discrepancias entre lo que dicen los padres y las lesiones que el niño(a) presenta realmente o cuando los padres no pueden explicar o justificar las lesiones y culpan a terceras personas. Las explicaciones que dan los padres son inconsistentes con el diagnóstico médico.
- Cuando una niña joven está embarazada o se le diagnostica una enfermedad transmitida sexualmente.

Indicadores en la Conducta

Conductas Sexuales en los Niños(as)

- Cuando el niño(a) exhibe comportamientos sexuales agresivos ya sea con otros (as) niños(as) o juguetes.
- Cuando el niño(a) se masturba compulsivamente.
- Cuando el niño(a) demuestra tener una curiosidad sexual excesiva.
- Cuando el niño(a) es provocativo(a) o seductivo(a) con otros(as) compañeros(as), maestros (as) u otros adultos.
- Cuando el niño(a) se prostituye o es promiscuo(a) excesivamente.
- Cuando el niño(a) se preocupa excesivamente por la homosexualidad.

Indicadores en la Conducta de Niños(as) en Edad Preescolar

- Enuresis (se orina en la cama).
- El niño(a) tiene rastro de heces o excremento en su ropa interior.
- Disturbios en el apetito como es el alimentarse excesivamente o alimentarse muy poco.
- El miedo patológico o las fobias.
- Cuando la conducta manifestada por el niño(a) es evidentemente compulsiva.

- Cuando el niño(a) tiene dificultades en la escuela o cuando hay cambios drásticos en su actitud o en sus calificaciones.
- Cuando el niño(a) exhibe comportamientos que son inusuales para su edad como lo son orinarse en la cama o mamarse el dedo.
- Cuando el niño(a) tiene dificultad en concentrarse.
- Cuando el niño(a) tiene disturbios en el sueño como las pesadillas, cuando tiene miedo de quedarse dormido(a), cuando duerme excesivamente o cuando no duerme lo necesarios.

Indicadores en la Conducta en Niños(as) de más Edad o Adolescentes

- El niño(a) se aísla.
- El niño(a) está clínicamente deprimido(a).
- El niño(a) es extremadamente sumiso(a).
- El niño(a) se baña mucho o tiene una pobre higiene personal.
- El niño(a) es violento(a), se escapa sin pedir permiso, es agresivo(a) o se comporta como un (a) delincuente.
- El niño(a) está usando drogas ilegales o alcohol.
- El niño(a) tiene problemas en la escuela, se ausenta y su rendimiento académico disminuye visiblemente.
- El niño(a) rehúsa cambiarse el uniforme diario para ponerse el uniforme de educación física.
- El niño(a) no participa en deportes o actividades sociales.
- El niño(a) le teme a las regaderas públicas o baños públicos.

- El niño(a) teme convivir con sus familiares, por ejemplo, regresa temprano de la escuela o se va tarde evitando así contacto directo con su familia.
- El niño(a) desarrolla repentinamente un miedo generalizado como es el salir, participar en cualquier actividad familiar o interactuar con otras personas.
- El niño(a) desarrolla un miedo intenso hacia el sexo masculino (sí ha sido abusado(a) por un hombre) o del sexo femenino (sí ha sido abusado(a) por una mujer).
- El niño(a) se vuelve muy consciente de su cuerpo, comportamiento que es atípico
para su edad.
- El niño(a) tiene en posesión regalos, dinero o ropa nueva cuando ninguno de estos ha sido autorizado por sus padres.
- El niño(a) atenta suicidarse o exhibe comportamientos dañinos hacia su persona.
- El niño(a) llora sin ningún motivo alguno.
- El niño(a) prende fuego intencional que causa daños.

Síntomas Físicos

- Al niño(a) se le diagnostica enfermedades sexualmente transmitidas.
- El niño(a) sufre de una infección genital o secreciones genitales.
- El niño(a) sufre de algún trauma o irritación en el área genital o anal, por ejemplo: dolor, picazón, sangramientos, laceraciones, hinchazón, moretones entre otros; especialmente

cuando las explicaciones de los padres son inconsistentes.
- El niño(a) sufre de dolor al orinar o al defecar.
- El niño(a) tiene dificultades al caminar o al sentarse, ya que su región genital o anal le duele.
- El niño(a) manifiesta: dolor de estómago, dolor de cabeza, diarrea, etc.

Incesto o Abuso Intra familiar

El abuso sexual infantil ocurrido dentro de la familia es el tipo de abuso menos reportado. A pesar del tabú que hay respecto a esta situación y de su alto nivel de dificultad para detectarlo, muchos investigadores creen que esta clase de abuso ocurre más frecuentemente que el abuso físico infantil.

En las discusiones de abuso sexual, el "**incesto**" se define como la actividad sexual que ocurre entre dos personas relacionadas consanguíneamente. El abuso **"intra familiar"** se define como aquella actividad sexual que ocurre entre miembros de la familia que no están relacionados consanguíneamente como son los novios, padrastro, madrastra, hijastro, hijastra, etc.

En los casos de abuso sexual más reportados, el padre u otro hombre que actúa como padre es usualmente el iniciador del abuso. Las niñas son casi siempre las víctimas en la mayoría de estos casos reportados. Los niños no son excluidos totalmente de ser abusados por hombres y se han reportado más casos de abuso sexual en niños en estos últimos años. En los niños, la vergüenza es mayor al reportar abuso sexual, ya que este tipo de abuso está asociado frecuentemente a prácticas homosexuales.

El inicio del abuso sexual puede ocurrir a cualquier edad entre la infancia y la adolescencia. Sin embargo, la incidencia más frecuentemente observada entre los casos reportados es en niñas menores de 14 años. El abuso sexual se caracteriza básicamente por sentimientos de culpabilidad, ya que el niño(a) mantiene el abuso en secreto o el niño(a) tiene un gran temor, de que el agresor (a) le haga daño si el o ella revela el abuso. Si el niño(a) confiesa el abuso entonces él o ella sentirá odio hacia su propia persona y vergüenza por haber creado tanta discordia entre los miembros de su propia familia. Independientemente de que el niño(a) se sienta amenazado(a) o no por su agresor(a), la coerción sexual tiende a repetirse y a intensificarse a medida que pasa el tiempo.

Con frecuencia, el (la) niño(a) se siente culpable y eventualmente llega a creer que el abuso sexual ocurrió porque él o ella instigó o sedujo al agresor(a).

La mamá que usualmente protege al niño en estos casos se aísla a propósito para no confrontar al agresor(a). Otras veces, la madre se vuelve retraída y callada o simplemente no le pone atención al hijo(a) cuando se trata de conversaciones de contenido sexual. En otras ocasiones la madre puede tener una actitud tan negativa que el niño(a) le da miedo hablar.

Estos diferentes patrones de conducta en las madres son típicos de aquellas mujeres que se sienten inseguras y que creen que sus esposos las van a abandonar o simplemente, prefieren asumir esta conducta defensiva para salvaguardar la seguridad de sus hijos(as). Lo más seguro es que éstas mujeres fueron abusadas en el pasado y no tienen la suficiente confianza en sí mismas para confrontar al agresor.

Algunas madres saben que sus hijos están siendo abusados sexualmente y por una u otra razón lo ignoran a propósito.

Para las víctimas no hay escape al menos que realicen que el incesto no ocurre regularmente, o al menos que las víctimas adquieran las fuerzas necesarias para pedir ayuda fuera del ámbito familiar.

La Violación Infantil

La violación carnal está asociada frecuentemente a víctimas adolescentes, aunque se reportan casos en donde estas han sido niños(a) de la escuela elemental. Los actos sexuales en una violación son usualmente penetración forzada oral, vaginal y anal. Las lesiones ocurren especialmente cuando el agresor(a) somete a su víctima al acto y ésta se resiste. A pesar de que la violación de un niño(a) puede y ocurre dentro de la familia, en la mayoría de los casos reportados la violación es producida por un(a) agresor(a) extraño(a) a la víctima.
Típicamente, el (la) agresor(a) invita al niño(a) de una manera seductiva, por ejemplo: "ven que te compro helado" o simplemente lo(a) secuestra para separarlo(a) de su familia y amigos(as).

La Explotación y la Pornografía Infantil

Resulta prácticamente imposible hacer un estimado de la cantidad de niños(as) que han sido explotados(as) sexualmente en los Estados Unidos. Sin embargo, hoy en día se sabe que la cifra es alta en extremo.

La dificultad de poder estimar el número de casos involucrados en este tipo particular de abuso se debe a varios factores. Primero, a que, en la mayoría de los casos, la explotación sexual de los niños(as) se da sin que los padres o madres tengan conocimiento de esto. Para agravar estos casos aún más, la población de niños(a) que se escapan y se prostituyen hacen la situación más difícil. El niño(a) que se escapa a otro lugar se convierte en una carnada para la pornografía o para la prostitución. Finalmente, algunos padres o madres utilizan a sus propios hijos(a) para producir este material pornográfico. Como consecuencia, seria justo asumir que el número de niños(a) involucrados (das) en este tipo de abuso sigue creciendo alarmantemente día a día.

En Estados Unidos, las autoridades han confiscado un gran número de material pornográfico referente a niños(as). Asimismo, los (las) autores (ras) de este crimen han sido detenidos (das) y arrestados (das). Este tipo de abuso sigue siendo fuertemente combatido por el gobierno de los Estados Unidos y seriamente condenado por ley.

Abuso Emocional

Así como los abusos físicos y sexuales pueden afectar la vida a un niño(a), de esa misma manera el abuso emocional puede impedir el desarrollo normal de las emociones, de la conducta y del intelecto.

Desórdenes psicológicos severos han sido diagnosticados en niños(as) como resultado de las acciones o actitudes de los padres (madres). Los problemas emocionales y de conducta son muy frecuentemente observados en aquellos niños(as) que han sido o son abusados(as) emocionalmente por sus padres (madres).

Las agresiones verbales como son ridiculizar, gritar, amenazar, culpar, usar sarcasmo, responder impredeciblemente (inconsistencia), actitud negativa, conflictos familiares continuos y comunicaciones de doble sentido son unas de los tantas formas como los padres (madres) pueden abusar emocionalmente a sus hijos(as).

Indicadores en la Conducta de los Niños(as)

El abuso emocional puede ser motivo de sospecha si se presentan algunos de los siguientes comportamientos:

- El niño(a) está aislado(a), deprimido(a) o apático(a).
- El niño(a) se porta mal y se le considera como un niño(a) problemático(a).
- El niño(a) es extremadamente rígido(a) y tiene dificultades para seguir las instrucciones de los maestros(as), padres y otros adultos.
- El niño(a) le atrae de una manera inusual los detalles y no tiene comunicación verbal o física con otros compañeros(as) o adultos.
- El niño(a) hace comentarios como "mi mamá siempre me dice que yo me porto mal".

Estos patrones de comportamientos pudieran ser debido a otra causa, pero por favor, nunca descarte la posibilidad de que el niño(a) esta siendo abusado(a) emocionalmente.

Indicadores de la Conducta en los Padres

Un niño(a) pudiera estar emocionalmente angustiado cuando:

- Cuando los padres o personas que lo (la) cuidan demandan mucho del niño(a) sin considerar su edad o su nivel de desarrollo; como resultado, presionan al niño(a) para que alcance metas imposibles.
- El niño(a) se siente como que es el "campo de guerra" cuando existen conflictos en la pareja.
- El niño(a) está acostumbrado(a) a complacer a sus padres y, por ende, no puede comprender las dinámicas involucradas en sus sentimientos de culpabilidad.
- El niño(a) es considerado(a) como un objeto por su agresor(a). El agresor(a) se refiere al niño(a) como "éste, ésta, él o ella" y no por su nombre.

El abuso emocional pudiera considerarse como una "profecía del yo". Si al niño(a) se le humilla o degrada lo suficiente, eventualmente el niño(a) comenzará a actuar como siempre ha deseado el agresor(a). Así, una vez más, el niño(a) complacerá y cumplirá con los deseos de su agresor(a).

El abuso emocional es extremadamente difícil de comprobar. Por ende, se requiere una extensa y acumulativa documentación de parte de un (una) testigo. Las víctimas de este tipo de abuso necesitan de una intervención psicológica inmediata.

En los Estados Unidos los (las) profesionales están obligados(as) a reportar este tipo de abuso cuando es severo y cuando el castigo es injustificablemente intenso. Sin embargo, ellos (ellas) pudieran reportarlo si así lo desean, independientemente del nivel de intensidad del abuso.

Carencia Afectiva

La carencia afectiva ha sido definida como aquella privación que los niños(as) sufren, cuando sus padres (madres) no les brindan aquellos sentimientos normales o vivencias, como son que se sientan queridos(as), que tengan confianza en sí mismos(as), que se consideren valiosos(as), y como una parte integral de su familia.

Indicadores en la Conducta de Carencia Afectiva

Usted pudiera sospechar de carencia afectiva:

- Cuando el niño(a) rehúsa comer suficientemente y se ve obviamente débil de salud.
- Cuando el niño(a) es incapaz de ejecutar funciones normales aprendidas para su edad como es caminar, hablar, comer por sí solo(a), etc.
- Cuando el niño(a) exhibe comportamientos antisociales como lo es la agresión, el vandalismo, el uso de drogas o alcohol, etc., o cuando el niño(a) se ve emocionalmente aislado(a), triste y no comunicativo(a).
- Cuando el niño(a) desarrolla miedos intensos o fobias.

Serias consecuencias pudieran resultar en la conducta de los niños(a), cuando los padres (madres) ignoran a sus hijos(as) ya sea por problemas con el uso del alcohol, psiquiátricos, personales o de trabajo. Sin embargo, estas situaciones no serían reportadas, a menos que, legalmente, se definan como abuso.

Estadísticas

<u>Reportes a Nivel Nacional</u>

Durante el año 1997, en los Estados Unidos, la Agencia Protectora de Menores investigó dos millones de reportes en donde se alegaba maltrato en casi tres millones de menores.

De esta investigación, se reportaron los siguientes hallazgos:

- La tasa nacional de menores de edad que se reportó fue de 39.1 por cada mil menores de edad en la población.
- La distribución de aquellas personas que sometieron los reportes fue así
  - Profesionales (54%)
  - Padres, madres, familiares o posible víctimas (18%)
  - Amistades y vecinos(as) (8.5%)
  - Fuentes anónimas o desconocidas y posible agresor(a) (20%)
- Se estima que el 60% de estos reportes fueron suministrados por profesionales en la rama legal, médica, trabajo social o educación.

Víctimas:

La Agencia Protectora de Menores de Edad determinó que un poco menos de un millón de menores edad fueron víctimas de abuso y maltrato en 1997, lo que indicó una disminución en comparación con las estadísticas encontradas en 1996.

De esta investigación se reportaron los siguientes hallazgos:

- La tasa nacional de víctimas que se reportó en la población fue de 13.9 por cada mil menores de edad.
- Más de la mitad de las víctimas (54%) sufrieron maltrato y aproximadamente un cuarto (24%), abuso físico. Los (las) menores de edad que sufrieron abuso emocional y negligencia médica abarcaron un 6% y un 2%, respectivamente.
- Una gran proporción de las víctimas por negligencia fue niños(as) menores de ocho años de edad, mientras que la proporción de niños(as) de ocho años de edad o más que fueron víctimas de abuso sexual y físico fue aún más grande.
- El 67% de las víctimas reportadas fueron caucásicos; los africanos-americanos que representaron un 29.5%; los menores de edad hispanos, casi el 13%; los indios nativos americanos y los nativos de Alaska, el 2.5 %.
- En 1997 se estimó que, por lo menos hubo 1,196 menores de edad que sufrieron como resultado del maltrato. Estos datos

indicaron que el 77% fueron niños(as) menores de 3 años.

Agresores(as):

Las estadísticas demostraron que más del 75% de los agresores(as) fueron padres que maltrataron a sus hijos y un 10% adicional fueron familiares.

- Se estima que más del 80% de los (las) agresores(as) tenían 40 años o menos y que aproximadamente el 62% eran mujeres.
- Se estima que el 75% de los casos de abuso sexual fueron asociados a hombres, mientras que el 70% de los maltratos y el 80% de la negligencia médica, a mujeres.

40

CARACTERÍSTICAS DEL AGRESOR(A)

El abuso infantil ocurre en cada nivel de los estratos sociales e independientemente de la cultura, etnia, ocupación o posición económica. Es importante recordar que a pesar de que los padres (madres) son usualmente los mencionados en caso de abuso infantil, éste puede y es propiciado por otras personas fuera del círculo familiar inmediato, como son amigos(as) cercanos a la familia, conocidos(as), vecinos(as) o personas totalmente extrañas. Los (las) agresores(as) también pueden ser maestros(as), personas que los cuidan o aquellas personas que como padres (madres), nosotros confiamos en ellas (os) para que supervisen o ayuden a nuestros hijos. De igual manera, los (las) agresores(as) pueden ser adultos(as), delincuentes o niños del sexo masculino o femenino.

La identificación temprana del abuso, el reportar los hechos y la intervención son pasos esenciales y vitales para proteger a la víctima infantil, ya que en éstos casos es muy alta la probabilidad de que el (la) agresor(a) repita el crimen.

Los estudios realizados hasta ahora han revelado que existen muchos factores asociados al abuso infantil, que se pueden generalizar perfectamente en la población normal. Tanto es así que el abuso infantil es raramente atribuido a un solo factor o evento.

La combinación de ciertas situaciones con diferentes tipos de personalidad puede precipitar un acto abusivo; por ejemplo, el estrés emocional, los problemas de parejas, los problemas en el trabajo, la predisposición a la agresividad (quizás como resultado de haber sido maltratado(a) o abusado(a) cuando era más joven), la falta de mecanismo de canalización apropiada y el no poder controlar los impulsos adecuadamente.

Muchas personas no pueden comprender cómo el abuso infantil puede ocurrir en una familia. Aun cuando se sabe que, de jóvenes estos mismos padres (madres) fueron de una manera u otra abusados(as). Como resultado, estos padres (madres) siguen con sus hijos(as) el mismo patrón destructivo y abusivo al cuál ellos(as) fueron sometidos durante su infancia. Es así como, sin la intervención debida, estos patrones patológicos de conducta pudieran continuar inadvertidos por generaciones.

Hay muchas personas que creen que todo castigo corporal es abusivo. Otras que es un método efectivo de disciplina en ciertas ocasiones. La disciplina y el castigo no es lo mismo; el castigo corporal no esta definido como abuso, al menos que resulte en una lesión.

La combinación del castigo físico y la ira es inefectiva como un instrumento de disciplina y pudiera llevar a la víctima a la misma muerte. A este respecto, muchos expertos (as) han reportado que a pesar de que la ira y el castigo físico interrumpen el comportamiento indeseado del niño(a) en menos tiempo, el efecto no es duradero como se ha observado hasta ahora. Además, el uso excesivo del castigo corporal le enseña al niño(a) a resolver sus conflictos violentamente, y a usar la fuerza física en vez de su capacidad de dialogar y expresar verbalmente su ira.

Los padres (madres) que agreden a sus hijos (as) usualmente intercambian sus roles con éstos. Esto es, los padres esperan que los niños (as) les demuestren afecto y que cuiden de ellos(as), sin haberles inculcado estos sentimientos primero. Estos padres (madres) son incapaces de transmitir calor humano a sus hijos(as) debido a sus experiencias abusivas cuando joven o simplemente no tienen un conocimiento básico de las necesidades de sus hijos(as).

Los estudios han indicado que la madre pudiera estar más inclinada a abusar de su hijo(a) o ser negligente si su unión emocional temprana con su recién nacido fue interrumpida, ya sea por separación física del (de la) bebé u otra circunstancia. Esta separación pudiera ser causada por la hospitalización prolongada de la madre o del (de la) bebé ya sea por parto prematuro, enfermedad, defecto físico o desfiguración. Además, un niño(a) considerado lento siempre será un "chivo expiatorio."

El abuso sexual infantil puede ocurrir cuando la familia atraviesa por mucho estrés o cuando la pareja tiene conflictos serios. El niño(a) puede ser fácilmente convencido(a) de que la actividad sexual es un juego especial y que es un componente necesario para que él o ella se sientan amados o necesitados por los demás. Los niños(as) de mayor edad pudieran ser convencidos(as) de que ellos tuvieron la culpa por haber seducido al agresor(a) o a la persona que los cuida.

El (la) agresor(a) puede convencerse de que es su obligación enseñarle al niño(a) la "realidad de la vida". El (la) agresor(a) puede llegar a creer que su abuso no es más que una intención para defender al niño(a) en contra de extraños que lo (la) puedan llegar a maltratar. El (la) agresor(a) puede sentirse tan angustiado(a), necesitado(a) o rechazado(a) que se siente obligado(a) a explotar la única relación de amor y de apoyo que él o ella pueda encontrar fácilmente. A pesar de que muchos (as) agresores (as) piensen que su conducta no es dañina, el daño en un niño(a) a veces es irreparable.

El estrés en la familia, aumentado por situaciones adversas como son, el no poder proveer las necesidades básicas a sus hijos (as), la comida, un techo, la ropa, el cuidado médico y la educación, pueden llevar a muchos padres(madres), a que no sean capaces de lograr mantener equilibradamente sus necesidades físicas o emocionales. En estos casos, especialmente cuando se lucha por sobrevivir día a día, los padres (madres) pudieran ser incapaces de resolver sus condiciones precarias racionalmente dando cabida posiblemente, a que ocurra abuso infantil. Este estrés familiar y las condiciones precarias que se vive no son justificaciones legalmente aceptadas, ni tampoco constituyen una excusa para que se abuse de un niño o niña. Sin embargo, vale la pena recomendar que se consideren seriamente cuando usted como profesional está evaluando el caso.

Las familias abusivas tienen tendencias a aislarse social y emocionalmente y pudieran carecer de vías de desahogo constructivos para su tensión, ira y agresión interna.

FACTORES DE LA SALUD FÍSICA, DEL DESARROLLO, DE LA PERSONALIDAD Y DEL COMPORTAMIENTO QUE HAN SIDO AFECTADOS POR EL ABUSO Y SUS POSIBLES INTERVENCIONES

Existe un número indefinido de problemas o factores asociados a aquellos niños(a) que han sido abusados(as) o maltratados(as). Esta sección presenta los factores clínicos más comúnmente observados, así como varias de sus posibles intervenciones.

Factores que Afectan la Salud Física

Muchos niños(a) frecuentemente tienen preocupaciones o problemas físicos a raíz de haber sido abusados(as) o maltratados(as). Por ejemplo: un(a) niño(a) que ha sido abusado(a) físicamente pudiera quejarse de tener dificultades al abrir o cerrar su boca, probablemente este mismo niño(a), fue golpeado(a) o abofeteado(a) en la cara. El niño(a) también pudiera quejare de dolor de oído o de estómago, temiendo así que estas áreas de su cuerpo fueron lesionadas durante el asalto físico. El niño(a) perfectamente pudiera haber perdido dientes o cabello. O pudiera tener huesos quebrados o lesiones internas que requieren hospitalización. Por el contrario, un niño(a) que ha sido abusado(a) sexualmente, usualmente estará preocupado(a) con tener lesiones internas, como resultado de haber tenido contacto sexual a través de la penetración anal o vaginal. El niño(a) también se preocupa de haber podido contraer una enfermedad transmitida sexualmente.

Existen muchos factores que pueden alterar la salud física de un niño o niña. A continuación, presentamos varios de ellos. Por favor, actúe con cautela al evaluarlos y siempre recurra a la consulta médica durante la evaluación inicial.

El Miedo a Sufrir de Una Enfermedad Sexualmente Transmitida o del Síndrome de Inmunodeficiencia Adquirida

Las enfermedades sexualmente transmitidas son comunes en los casos reportados de abuso sexual infantil. Generalmente, las enfermedades son diagnosticadas durante la evaluación médica y tratadas con medicinas efectivas. Actualmente, en los Estados Unidos muy pocos casos de abuso sexual se han encontrado donde el (la) niño(a) se le ha transmitido el virus del Síndrome de Inmunodeficiencia Adquirida (SIDA. Sin embargo, siempre se recomienda examinar la posibilidad de contaminación en caso de abuso sexual o cuando el niño(a) haya tenido contacto directo con semen o cualquier otra secreción asociada al virus.

Intervenciones* para utilizar:

1. Hacerle la prueba al niño(a) para detectar la posibilidad de haber adquirido el virus del SIDA. Si el niño(a) se encuentra ansioso(a) y preocupado(a) por los resultados dicha prueba le ayudará a aliviar esta preocupación de una manera u otra.

Intervención: Modalidades de tratamiento clínico que se utilizan con el propósito de evaluar y/o producir cambios en el paciente/cliente

2. Hable con el niño(a) acerca de su miedo y su ansiedad relacionada con los resultados de la prueba.
3. Como profesional, usted deberá saber la información apropiada o los servicios comunitarios disponibles, en caso de que el resultado sea positivo.

Alteraciones en su Imagen Sexual y Física

Algunos niños(a) se preocupan por sus cuerpos, pues piensan que 'estos han sido alterados(as) de una manera u otra por el abuso físico o sexual al cual fueron sometidos(as). Aún más, estos niños(a) piensan que sus cuerpos son "diferentes" a los de otros niños(a) que no han sido abusados(as). El desarrollo de sus cuerpos, de sus músculos, de su tamaño y de su fuerza es especialmente importante para los niños(as) que han sido abusados físicamente.

Un niño que ha sido abusado sexualmente, pudiera comparar el tamaño de sus genitales con aquellos de su agresor y se pudiera preocupar por la diferencia de tamaño. Si es abusado sexualmente por una mujer, entonces este niño se preocuparía porque no podría satisfacer a su pareja emocionalmente o sexualmente. Muchos niños que han sido víctimados por hombres se preocupan por su identidad sexual y temen llegar a ser homosexuales.

Una niña que ha sido abusada sexualmente, se preocupa por su virginidad especialmente por el hecho de que su pareja se dé cuenta que ella no es virgen.

Otras niñas temen no poder tener hijos en el futuro. En niñas adolescentes, el temor de estar embarazadas las puede llevar a iniciar relaciones sexuales con jóvenes de su edad para cubrir la posibilidad de estar embarazada por su agresor.

Los niños(a) abusados(as) sexualmente, frecuentemente se sienten confundidos(as) con su sexualidad y su atracción por el sexo opuesto. Es más, muchas víctimas reportan haber comenzado a tener relaciones sexuales con el propósito de probar que son capaces de tenerlas, como aquellos(as) otros(as) jóvenes que no han sido abusados(as).

Intervenciones para utilizar:

1. Explore las preocupaciones que el niño(a) tiene de su cuerpo y refiera al niño(a) para que se le haga un examen médico riguroso.
2. Explique al niño(a) la anatomía, el propósito y la función de los órganos genitales.
3. Explíquele al niño(a) las diferentes teorías sexuales y de orientación sexual. Incorpore en estas discusiones a los padres del niño(a) o a aquella persona responsable por el cuidado del niño o la niña.
4. Ofrézcale al niño(a) apoyo e incentívelo(a) a cambiar aquellas relaciones interpersonales que no son recíprocas o satisfactorias.
5. Explíquele al niño(a) cuáles son las interacciones apropiadas para su edad.
6. Como profesional, intervenga en caso de que el niño(a) este siendo abusado(a) o explotado(a).
7. Si su cliente es un o una adolescente, ofrézcale información acerca de métodos contraceptivos, salud sexual y demás.

Miedo al Embarazo

El embarazo, como resultado del abuso sexual, ocurre raramente. Sin embargo, el miedo a quedar embarazada, el tener que abortar, o la realidad de llegar a tener el bebé, son todas preocupaciones que crean miedo en las víctimas, especialmente que su imagen corporal haya sido alterada, de una manera u otra, por esa experiencia sexual forzada.

Intervenciones para utilizar

1. Ofrézcale a la adolescente apoyo y ayúdela a comprender el hecho en sí, especialmente que fue una relación forzada, o sea, involuntaria.
2. Converse con la adolescente acerca de cualquier cambio en el funcionamiento de su cuerpo o apariencia física.
3. Explore con la adolescente, y si es posible con sus padres (madres), aquellas decisiones referentes al cuidado del bebé.

Cicatrices y el Daño Permanente

Muchos niños(as) quedan marcados(as) con cicatrices o sufren de desfiguración como resultado del abuso o maltrato. Las cicatrices o la desfiguración pudieran ser un estímulo constante para recordarle al niño(a) el maltrato. Estos recuerdos constantes deberán ser discutidos en terapia.

Intervenciones para utilizar:

1. Refiera al niño(a) a una evaluación médica rigurosa.
2. Converse con el niño(a) acerca de cualquier recuerdo o sentimientos relacionados con su estadía en el hospital.
3. Ayude al niño(a) desfigurado(a) a que exprese su ira y sus sentimientos de pérdida con relación a su cuerpo.
4. Explore con el niño(a) el sentirse avergonzado(a) por su apariencia física, por sus cicatrices, o su envidia por aquellos niños(as) que no están desfigurados(as).
5. Ensaye con el niño(a) diferentes estrategias para cuando las personas le pregunten
     a. sobre sus cicatrices o lesiones en general.
6. Ayude al niño(a) a desarrollar una identidad sobre la base de su comportamiento y de sus logros y no sobre la base de su imagen física.

Encopresis y Enuresis

La encopresis (inhabilidades de controlar las deposiciones) y la enuresis (inhabilidad de controlar la orina) pudieran ser indicadores de abuso. Algunas víctimas nunca aprendieron a controlar sus esfínteres, pero otros, aunque aprendieron, de una manera repentina experimentan la pérdida del control de éstas al inicio del abuso. Esta incontinencia se debe a que el (la) niño(a) regresa a una etapa más temprana de desarrollo debido al abuso.

Estas incontinencias pueden estar relacionadas a la regresión, ansiedad y también con las percepciones alteradas que el niño(a) tiene con el abuso y acerca de cómo el cuerpo humano funciona.

Intervenciones para utilizar:

1. El o la profesional deberá determinar, conjuntamente con el médico, sí el origen de la incontinencia es orgánica o no. Ejemplo: Si el niño(a) fue abusado(a) sexualmente a través del ano, entonces el niño(a) pudiera desarrollar constipación a raíz del miedo y el dolor asociado al abuso en sí.
2. Eduque a los maestros(as), padres, madres o cualquier otra persona que tengan una relación con el niño(a) acerca de estos comportamientos. Es importante que estas personas comprendan que el comportamiento del niño(a) se debe al trauma que él o ella sufrió.
3. Identifique y explore con el niño(a) todas las posibles situaciones no resueltas en donde el niño(a) se sienta inseguro(a) o con poca o ninguna protección.
4. Explíqueles a los padres, madres o personas que cuidan el niño(a) que los castigos o hacer que el niño(a) sienta vergüenza usualmente agravan aún más el problema.

Síntomas psicosomáticos

El niño(a) abusado(a) puede desarrollar síntomas psicosomáticos aún en la ausencia de evidencia médica. Estos factores psicosomáticos pueden ser dolor de cabeza, dolor de estómago, sentimientos de fatiga, cansancio y dolores en general. Un niño(a) que no tiene la capacidad verbal para expresar su ira, miedo, pérdida o tristeza pudiera utilizar los síntomas psicosomáticos como medio para expresar su disgusto y su incomodidad. El o la profesional pudiera utilizar las siguientes intervenciones.

Intervenciones para Utilizar:

1. Refiera al niño(a) a un examen médico riguroso para descartar organicidad.
2. Ayude al niño(a) a reconocer las sensaciones asociadas a su experiencia traumática.
3. Motive al niño(a) para que exprese sus pensamientos y sentimientos asociados al abuso o al maltrato. También para que exprese su tristeza y sus pérdidas.
4. Apoye al niño(a) en su búsqueda de atención y afecto.
5. Ayude al niño(a) a interactuar y a socializar de una manera aceptable para que él niño (a) pueda recibir la atención y el afecto deseado por él o ella.
6. Explíquele al niño(a) cómo funciona el cuerpo humano.

Factores que Afectan el Desarrollo

Como hemos observado hasta ahora, el abuso infantil no se puede definir de una manera exacta. Los comportamientos inusuales que el niño(a) pudiera desarrollar a raíz del abuso no se pueden predecir con exactitud. Como resultado, el desarrollo del niño(a) se verá impactado negativamente por el abuso al igual que su desarrollo normal.

El Apego Emocional y Físico

Muchos teóricos creen que cuando se perturba o interrumpe el proceso de apegamiento entre un niño(a) y su padre (madre) o cualquier otra persona que lo (la) cuide, se aumenta la probabilidad de que aparezcan síntomas o problemas en un futuro. La mayoría de los aspectos fundamentales que caracterizan a una persona como estable, como son la confianza, el autoestima, el valor como persona, su eficacia, su identidad, sus interacciones con otros seres humanos al igual que la intimidad se originaron principalmente cuando esta persona se apego a otro ser humano en su pasado.

Intervenciones para utilizar:

1. Asegúrese que el niño(a) interactúa consistentemente con otra persona ya sea su padre, madre o cualquier otra persona con la cual el niño(a) sienta apego.
2. Actúe como que usted siempre protege o va a proteger al niño(a) y responda serenamente y con seriedad a situaciones difíciles. En terapia permita que el niño(a) practique con muñecas o muñecos.
3. Refuerce los derechos del niño(a) a ser mimado(a), protegido(a) y atendido(a).
4. Ayude al niño(a) a explorar y a considerar la relación terapéutica como un modelo de interacción.

5. Enséñele al niño(a) comportamientos sociales, como son las relaciones reciprocas y las respuestas aceptadas por la sociedad.

El Dominio y el Control

Los niños(a) abusados(as) y maltratados(as) aprenden a comprender y controlar el miedo, la ansiedad y otros sentimientos intensos provocados por el abuso. El niño(a) puede sentir vergüenza o ira sobre su propia vulnerabilidad. Su incapacidad de prevenir el abuso y los otros sentimientos intensos asociados a la experiencia abusiva son usualmente identificados por el niño(a) como debilidad y pérdida de control. Para ayudar al niño(a) el o la profesional tendría que clarificar las limitaciones del niño(a) con relación a su capacidad de cuidarse y defenderse el (ella) mismo(a), así como, ayudarlo(a) a identificar sus fortalezas.

Intervenciones para utilizar:

1. Ayude al niño(a) a aceptar sus limitaciones. Informe al niño(a) de los comportamientos normales a través del desarrollo humano.
2. Identifique y reconozca los intentos que el niño(a) hizo al tratar de protegerse o defenderse del agresor(a).
3. Identifique y refuerce la capacidad del niño(a) de lograr tareas apropiadas para su edad; hable con el niño(a) acerca de lo que él o ella hizo para prevenir el abuso en vez de lo que lo él o ella hubiera querido hacer. Tenga siempre en

cuenta que los niños usan la fantasía como medio de expresar sus sentimientos.

4. Utilice intervenciones que ayuden al niño(a) a aprender y a dominar nuevas destrezas.
5. Utilice intervenciones que permitan que el niño(a) practique tareas donde tiene que tomar decisiones o donde pueda sentir que esta en control de la situación.
6. Enséñele al niño(a) a reconocer situaciones de peligro y también a quién pueda acudir en caso de que necesite ayuda.

Control de Impulsos

Un niño(a) con un miedo intenso, con ansiedad, con sentimientos de impotencia y vulnerabilidad, tiene dificultades para controlar sus pensamientos, sentimientos y sus conductas. Estos pensamientos pudieran incluir las ideas suicidas, deseos destructivos y las fantasías con temas específicos como son la venganza y la revancha. Los sentimientos pueden incluir la envidia, el odio, el miedo y la ira. Frecuentemente, el niño(a) que ha sido abusado tiene dificultad para controlar sus emociones y para retardar su gratificación inmediata. La conducta y la comunicación del niño(a) pudieran ser impulsivas. A su vez, pudieran no estar relacionada con los eventos de la actualidad que rodean al niño(a.

El mal genio, el discutir frecuentemente, el no seguir las reglas de los adultos, el atacar físicamente a otra persona son considerados como comportamientos impulsivos. El niño(a) también pudiera sentir envidia de aquellos niños(a) que no han sido abusados, independientemente si son familia o no. El niño(a) abusado(a) pudiera hacerle daño a mascotas o a otros niños(as) más jóvenes.

Intervenciones para utilizar:

1. Ayude al niño(a) a expresar su ira y rabia asociados al victimismo.
2. Ayude al niño(a) a ampliar su vocabulario y su destreza del lenguaje para poder expresar sus sentimientos apropiadamente. Esto evita que el niño(a) actúe violentamente.
3. Ayude al niño(a) a identificar aquellos pensamientos y sentimientos que precipitaron sus acciones.
4. Eduque y apoye a aquellas personas que cuidan del niño(a) para que respondan adecuadamente al niño(a), cuando pierda involuntariamente el control de sus impulsos.
5. Converse con el niño(a) acerca de su pérdida o de su impotencia como consecuencia del abuso. Ahora bien, si el cliente es un o una adolescente evalué la posibilidad de suicidio.

Identidad

El niño(a) desarrolla un sentido de su identidad, de quién es él o ella, y de cómo comportarse, sobre la base de sus experiencias más tempranas. Estas experiencias tempranas forman un sentido de identidad que pudiera afectar al niño(a) con relación a como él (ella) se siente como individuo y también, con relación a los demás. Los componentes necesarios para estables una identidad positiva incluyen amor, crianza, atención, afecto, intimidad, autonomía, poder y control. La experiencia de haber sido abusado(a) o maltratado(a) influye en cada una de estas áreas. Una experiencia abusiva afecta la identidad del niño(a), cómo el niño(a) se comporta para satisfacer sus necesidades y cómo responde o interactúa con otras personas.

Factores que Afectan la Personalidad

A Nivel Interpersonal

Existen varios factores que pudieran explorarse en terapia, como son, la identificación con el agresor(a), las conductas víctimales, la intimidad y la traición.

La Identificación con el Agresor

Muchos de los teóricos han postulado que una de las maneras como un individuo puede combatir o lidiar con sus sentimientos de impotencia, es convirtiéndose en el agresor(a) o víctimario(a). El niño(a) frecuentemente imita a otra persona que percibe como fuerte y poderoso(a); para muchos niños(as) que han sido abusados(as) esta persona fuerte y poderosa es el agresor(a). En casos de abuso sexual, el niño(a) aprende de una manera inapropiada a satisfacer su necesidad de intimidad, control y poder. El niño(a) aprende que comportamientos invasivos y controladores son la norma y utiliza estos comportamientos para lidiar con su estrés, ansiedad, para resolver sus problemas y para relacionarse socialmente e íntimamente con otras personas. En estos casos, el (la) profesional deberá abordar con el niño(a) aquellos factores como son el duelo*, la responsabilidad del abuso, la afiliación, el poder y el control.

Intervenciones a Utilizar:

1. Ayude al niño(a) a identificar los comportamientos positivos y negativos que el niño(a) experimentó con el (la) agresor(a). Las experiencias positivas pudieran generar un sentimiento de pérdida en el niño(a). El (la) terapeuta puede expresar esta pérdida por el (la) niño(a), dándole indirectamente permiso para que reconozca la experiencia sin sentir vergüenza.
2. Enfoque la sesión hacia el comportamiento abusivo y no en el agresor(a). Esto ayuda a que el niño(a) se sienta más cómodo cuando habla de los hechos.
3. Asocie al niño(a) con adultos en la comunidad que pudieran funcionar como modelos positivos para él o ella.
4. Ayude a las personas que cuidan del niño(a) a establecer la disciplina adecuadamente y a no delegar responsabilidades al niño(a) que obviamente no puede cumplir. Esto ocurre especialmente en familias en donde el agresor(a) era el responsable por la disciplina del niño(a).

Duelo: Demostraciones de sentimiento por la pérdidas sufridas a consecuencia del abuso

5. Eduque a los padres (madres) sobre cómo detectar cuando su niño(a) tiene dificultades con su ansiedad, sentimientos de impotencia y su ira.

Comportamientos del Niño(a) como Víctima

Un niño(a) que tiene secretos, que amenaza, que intimida o que usa mucha fuerza o armas para asegurar su acceso a otro niño(a) vulnerable, necesita ser evaluado(a) para ayudarlo(a) a resolver sus conflictos asociados al abuso sexual o físico y necesita ser protegido(a) para que no actúe incorrectamente como resultado del abuso.

Intervenciones para Utilizar:

1. Ayude al niño(a) a sentir empatía. Evalúe su nivel de remordimiento por lo sucedido.
2. Converse con el niño(a) sobre su propia perspectiva como víctima de abuso.
3. Enséñele al niño(a) nuevas estrategias para lidiar efectivamente con su conducta.
4. Implemente nuevas técnicas de prevención y recaídas en la sintomatología.
5. Utilice la terapia familiar ya que le ofrecerá la estructura necesaria para poder desarrollar e implementar estas técnicas y brindar sugerencias.
6. Discuta con el niño(a) factores tales como dominio, control, control de sus impulsos y su conducta agresiva.

Intimidad

La intimidad, o sea la necesidad de sentirse cercano(a) una persona responsable de edad apropiada y también la habilidad de poder compartir con esa persona los pensamientos, sentimientos y los comportamientos, podría ser afectada en los niños(as) abusados(as) y maltratados(as). Las experiencias traumáticas tienen un impacto negativo en la vida de un niño(a) así, este impacto negativo afecta la habilidad del niño(a) de poder interactuar apropiadamente con otros individuos y poder intervenir en el establecimiento de relaciones positivas y fructíferas.

Intervenciones para utilizar:

1. Trabaje con el niño(a) para que este se interese más por actividades y relaciones humanas más acordes con su edad.
2. Ayude al niño(a) a sentirse más cómodo al comunicarse con otros individuos, ya sea hablando, escuchando o compartiendo.
3. Apoye y motive al niño(a) a interactuar con otros y a desarrollar relaciones humanas positivas y constructivas.
4. Ayude al niño(a) a lidiar con su ansiedad como resultado de tener que comunicarse con otras personas.
5. Ayude al niño(a) a interpretar aquellos comportamientos positivos o negativos que apoyan o interfieren en su tarea de establecer relaciones significativas con los demás.

6. Apoye e incentive al niño(a) por querer y tratar de establecer nuevas amistades.
7. Aliente y guíe al niño(a) si él (ella) pierde una amistad o se siente rechazado(a).
8. Reconozca cuando un(a) adolescente se siente complacido(a) con una relación íntima.
9. Interprete la conducta sexual de un(a) adolescente basado(a) en su historia de maltrato pero tambіén en su desarrollo normal.
10. Converse con el adolescente sobre sus posibles intenciones, significados y consecuencias de su conducta en general.

Traición

La traición ocurre cuando el niño(a) realiza que lo que él o ella percibió como algo real y aceptable no es más que algo dolorosa y dañino. Cuando un adulto(a) de confianza es violento(a) o utiliza a un niño(a) para satisfacer sus necesidades sexuales o emocionales, entonces la expectativa del niño(a) sobre el adulto(a) que se supone que lo debe cuidar cambia repentinamente. El niño(a) al reconocer que un adulto de confianza lo (la) ha abusado o herido se siente confundido(a) y vulnerable. Este hecho puede ser muy dañino en cuanto a la percepción del niño(a) hacia la vida o el mundo en general.

Intervenciones para utilizar:

1. Ayude al niño(a) a expresar sus sentimientos relacionados con el abuso o el maltrato.
2. Identifique y converse sobre aquellos adultos(as) que debieron haber protegido al

niño(a). Aborde los temas de abandono y rechazo.
3. Aumente la habilidad del niño(a) de reconocer situaciones abusivas o hirientes.
4. Ayude al niño(a) a identifican aquellas similitudes entre sus experiencias abusivas y sus expectativas en relación a como él o ella creen que los adultos(as) deben responder o tratar a los niños(as).

Factores Intrapersonales

Los efectos como resultado del abuso infantil pueden ser entendidos como una combinación entre las respuestas clásicamente condicionadas al estrés traumático y las respuestas aprendidas social y cognitivamente.

El Miedo

El miedo se origina cuando el niño(a) siente que hay un evento externo que amenaza o impide que él o ella se sienta seguro(a). Él o la profesional deberá proteger al niño(a) dentro de sus posibilidades cuando el niño(a) exprese miedo al agresor(a), miedo a la venganza del agresor(a), temor a su seguridad personal o miedo a que el abuso vuelva a ocurrir. Si usted reconoce que el niño esta en peligro llame a las autoridades de inmediato.

Trauma

El trauma ocurre cuando el niño(a) es incapaz de lidiar con las emociones intensas generadas por el abuso. El niño(a) es incapaz de comprender la experiencia abusiva pues se siente abrumado(a) por sus sensaciones, pensamientos o sentimientos relacionados con el abuso. El niño(a) se siente atormentado(a) por el abuso y tiende a revivir la experiencia traumática. El niño(a) tiende a repetir el abuso en su esfuerzo de hacer creer que él o ella tienen algún tipo de control sobre la experiencia.

El niño(a) también expresa su experiencia abusiva a través de las representaciones simbólicas como el juego, el arte, los sueños y la reconstrucción de la fantasía.

De muchas maneras, el trauma es una experiencia imborrable que el niño(a) necesita abordar con el propósito de comprender y asimilar los hechos para poder llegar a términos con esta experiencia dolorosa. Cuando un evento traumático no se resuelve o alguna secuela queda presente, entonces se utiliza el diagnóstico de síndrome de estrés postraumático.

Intervenciones para Utilizar:

1. Ayude al niño(a) a recordar el evento traumático.
2. Ayude al niño(a) a identificar las sensaciones, pensamientos, sentimientos y creencias generadas a raíz de esa experiencia traumática.
3. Ayude al niño(a) a hacer una asociación entre lo que ocurrió durante el abuso y como él o ella se siente en el presente respecto a lo ocurrido.

4. Utilice intervenciones que proveen al niño(a) de un sentimiento de que el abuso tiene final o de que ya terminó.
5. Utilice técnicas como ejercicios de relajación y oraciones incompletas para ayudar al niño a lidiar más efectivamente con su ansiedad.

Ansiedad

La ansiedad se crea cuando un niño(a) anticipa que una experiencia peligrosa va a ocurrir de nuevo. Algunas veces, usted observará que el niño(a) se mantiene en un estado de alerta o de miedo intenso cuando en realidad no hay un peligro inminente. En estos casos, el niño(a) ha desplazado su ansiedad original a otras situaciones generalizadas. Como resultado, el niño(a) se sentirá motivado(a) para involucrarse en cualquier actividad que le (la) ayudará a reducir su ansiedad. La ansiedad experimentada por el niño(a) es altamente incomoda. Estos mecanismos de defensa pudieran también ser del comportamiento, por ejemplo cuando el niño(a) evita situaciones o personas que lo (la) haga sentirse incomodo(a) ansioso(a). O pudieran ser cognitivos por ejemplo la compulsión o conductas rituales que ayudan a que el niño(a) lidie con su ansiedad más efectivamente.

Intervenciones para Utilizar:

1. Apoye y aliente al niño(a) a seguir hablando sobre la experiencia abusiva.
2. Ayude al niño(a) a describir los detalles de la experiencia de una manera discreta y conveniente para el niño o niña.

3. Aliente al niño(a) a enfocar varios aspectos de la experiencia abusiva. Si el (la) cliente es muy joven, usted puede utilizar la terapia de juego para facilitar su participación. Si es un(a) adolescente aliéntelo(a) a que converse acerca de los hechos.
4. Supervise la habilidad verbal del niño(a) para hablar de la experiencia abusiva sin que la reviva o le cause mucha ansiedad.
5. Identifique el origen de la ansiedad del niño o niña.
6. Inicie y modele nuevas estrategias para lidiar con experiencias difíciles. Los métodos apropiados serían buscar ayuda, hablar de sus sentimientos y expresar emociones fuertes.
7. Refuerce los intentos de un niño(a) de responder efectivamente a situaciones difíciles.

Depresión

Muchos de los métodos desarrollados para aliviar la depresión en niños(as) y adolescentes, también funcionan en los niños(as) abusados(as) o maltratados(as). Uno de los factores más importantes que se tienen que tratar en la depresión son los sentimientos reprimidos.

Intervenciones para utilizar:

1. Evalúe la capacidad del niño(a) de querer expresar su experiencia abusiva o sus sentimientos hacia los hechos.

2. Ayude al niño(a) a identificar sus sentimientos y estar conscientes de esos sentimientos.
3. Reconozca y fomente la expresión de los sentimientos del niño(a) siempre y cuando ésta sea apropiada.

El no Expresar sus Sentimientos

El no expresar sus sentimientos es una característica usual en niños(a) que han sido abusados(as) o maltratados(as). Existen muchas razones por las cuales el niño(a) se priva de expresar sus sentimientos. Entre estas se encuentran la posibilidad de que el niño(a) no sepa expresar sus sentimientos; que no tenga la destreza verbal para hacerlo; que esté inseguro de su capacidad para tolerar esas memorias y ansiedad dolorosas; que no esté consciente de sus sentimientos o que no se sienta seguro(a) y dude de los resultados.

Intervenciones para Utilizar:

1. Eduque al niño(a) acerca de los sentimientos. Enséñele los cuatro sentimientos básicos: ira, tristeza, miedo y alegría.
2. Demuéstrele la expresión apropiada de estos sentimientos.
3. Apoye los intentos del niño(a) a lidiar con sus sentimientos hacia el abuso solo(a).
4. Explore regularmente con el niño(a) los factores que involucran su seguridad personal.
5. Haga la distinción entre cómo el niño(a) se sintió cuando ocurrió el abuso y cómo se siente en el presente.

La Culpa, los Sentimientos de Culpabilidad y la Responsabilidad

El niño(a) abusado(a) o maltratado(a) tiene mucha dificultad en responsabilizar por el abuso a quien se lo merece. El (la) niño(o) casi siempre esta en una lucha constante pues tiene dificultad para determinar quien es el agresor(a) y quien es la víctima. A tal punto que es muy probable que el niño(a) internalice la responsabilidad y se culpe él o ella mismo(a) por el comportamiento del agresor(a). Durante este proceso, el agresor(a) pudo haberle dicho algo al niño(a) para que éste(a) se sienta responsable por el abuso; el agresor(a) pudo haberle ofrecido regalos al niño(a) o pudo haberlo(a) hecho sentir muy especial; el agresor(a) también pudo haberlo(a) hecho sentirse poderoso(a) a través de la mentira y del secreto; el niño(a) puede sentir que él o ella provocó el abuso; el niño(a) se puede sentir culpable después que revele el abuso a una tercera persona. Debido al supuesto daño que le ha creado a la familia, el niño(a) se puede sentir culpable, especialmente cuando sintió placer durante el abuso sexual.

Intervenciones para Utilizar:

1. Converse de la relación del niño(a) con el agresor (a).
2. Ayude al niño(a) para que éste(a) amplíe su entendimiento de por qué este tipo de abuso hiere tanto a los niños o niñas.
3. Eduque al niño(a) acerca de la responsabilidad de los adultos.
4. Explíquele al niño(a) el significado de la palabra consentimiento.

5. Ayude al niño(a) a explorar las razones por las cuales mantuvo el abuso como secreto y porqué decidió divulgarlo.

Haber mantenido el abuso como un secreto es una decisión que el niño(a) tomó. Ellos tomaron una decisión basada en la información que a él o ella se le ofreció al inicio del abuso. Como resultado, es esta capacidad que el niño o la niña tiene de hacer decisiones que se tienen que evaluar y reformar adecuadamente. Él o la terapeuta pueden ayudar al niño(a) a reformar su capacidad de tomar decisiones, ya sea ayudando al niño(a) a identificar aquellas conductas que lo(a) hacen vulnerable a este tipo de situaciones abusivas. Eduque al niño(a) sobre la incidencia de abuso infantil en nuestra sociedad; reafirme la percepción del niño(a) de verse en control de la situación y no como una víctima indefensa.

La Pérdida y el Duelo

La pérdida y el duelo son temas muy importantes en los niños(as) abusados(as) y maltratados(as). El duelo puede surgir a raíz de haber perdido una relación importante como lo es con su agresor(a) (que puede ser su padre, madre, hermano(a), niñera, etc.), de haber sido separado físicamente de este agresor(a) o sencillamente, el no poder confiar más en esta persona. El niño(a) necesita procesar con un(a) profesional estos sentimientos asociados a su pérdida.

El niño(a) que ha sido separado(a) por cierto tiempo de la persona más cercana (madre por ejemplo) pudiera responder al abandono en forma de protesta, desesperación y eventualmente desprendimiento.

Estas etapas fueron postuladas por Bowlby. Los niños(a) abusados(as) y maltratados(as) también atraviesan las etapas de duelo como las definió Kubler-Ross. Estas etapas son la negación, la ira, la ambivalencia, la depresión, la aceptación y la esperanza en el futuro.

Los niños(a) que han sido removidos(as) de sus casas o que han tenido un cambio repentino, deberán adaptarse a ese nuevo ambiente y lo que éste les depara.

Para ayudar al (la) adolescente a lidiar con sus sentimientos de pérdida y duelo, el (la) terapeuta pudiera hablar con el (la) joven de cualquier cambio drástico en su vida; prepararlo(a) ya que el o la joven pudiera sentirse aún más confuso(a) especialmente cuando desea hablar o ver al agresor(a); conversar con el o la joven cuando este reporta pensamientos frecuentes de su agresor(a) o cuando desean frecuentar los mismos lugares que el agresor(a) frecuenta. Esta situación de visitar lugares comunes para ambos, pone al (la) joven en peligro ya que el (la) agresor(a) al verlo puede responder agresivamente. Este tipo de comportamiento necesita ser supervisado y restringido siempre y cuando sea posible; ayude al (la) joven o niño(a) a expresar sentimientos de tristeza, pérdida e ira; permítale que reconozca su tristeza y perdida; ayúdele a identificar las interacciones y cualidades positivas en el agresor(a); explíquele los cambios que se tienen que dar en el agresor(a) y en la familia para que se permitan visitas o una posible reunificación y permita que el niño(a) realice la extensión de su relación con el (la) agresor(a) u otros miembros de la familia.

Valor Propio, Autoestima y la Autoeficacia

El valor propio, la autoestima y la autoeficacia son factores en el niño(a) que han sido afectados por el abuso y el maltrato. Muchos niños(a) abusados(as) se sienten que no valen nada, que no merecen atención ni cariño. También, tienen un entendimiento muy limitado de su persona como seres humanos y usualmente se sienten incómodos al tratar con otros individuos.

Intervenciones para utilizar:

1. Converse con el niño(a) acerca de su dominio y su control.
2. Ayude al niño(a) a desarrollar una imagen de él o ella misma basada en sus logros y en sus expectativas realistas.
3. Permítale al niño(a) que reconozca sus debilidades o deseos sin que le afecte su autoestima.
4. Enséñele al niño(a) que él o ella tiene derecho a ser protegido(a) y que no necesita ser abusado(a) para ser amado(a).
5. Eduque al niño(a) sobre las dificultades que él o ella pudiera encontrar al interactuar con otros individuos o al hacer tareas escolares.

La estigmatización o "un bueno para nada"

Los niños(a) abusados(as) frecuentemente tienen una preocupación intensa con los impedimentos físicos o emocionales que pueden resultar como consecuencia del abuso. El niño(a) pudiera sentirse físicamente lesionado(a), dañado(a), arruinado(a) o imperfecto(a). El niño(a) pudiera sentirse diferente a los demás niños(a) o que las otras personas pueden notar que hay algo anormal en ellos. Las víctimas pudieran comportarse de una manera tan particular hasta que llegan a lograr que alguna parte de su cuerpo no funcione debidamente o no se preocupan por su higiene personal. Así, el niño(a) pudiera dejar de bañarse, de usar ropa limpia, de verse presentable o también, pudiera comenzar a comer en exceso o dejar de comer en su esfuerzo para hacerse menos atractivo(a) al agresor(a) o para demostrar que puede ejercer algún nivel de control sobre su cuerpo.

Intervenciones para Utilizar:

1. Converse con el niño(a) acerca de lo que es sentirse vulnerable e impotente.
2. Ayude al niño(a) a dilucidar qué necesita para sentirse fuerte y seguro.
3. Establezca intervenciones terapéuticas que ayuden al niño(a) a sentirse bien con su participación en la terapia.
4. Señálele al niño(a) los aspectos positivos de su personalidad y de su conducta.
5. Apoye y motive al niño(a) para que desarrolle nuevos intereses y habilidades. De esa manera, estos nuevos intereses irán creciendo, en tal forma, que los recuerdos negativos del abuso irán disminuyendo cada día más.

Impotencia Aprendida

Todos los niños(as) necesitan sentir que tienen algún control sobre su conducta y sobre lo que les pasa. Cuando este sentimiento de control es disminuido repetidamente por experiencias abusivas; entonces el niño(a) pudiera perder su interés, su energía y su deseo de protegerse. Un niño(a) que se siente impotente pudiera creer que no hay nada que él o ella pueda hacer para contrarrestar el abuso. El niño(a) pudiera aprender a esconder sus sentimientos verdaderos, a desconfiar de sus propias percepciones y a negar su propia realidad. Un niño(a) abusado(a) o maltratado(a) frecuentemente demostrará miedo, confusión, pasividad, pesimismo, desesperación y se sentirá incapaz de protegerse a sí mismo.

Intervenciones para Utilizar:

1. Demuéstrele al niño(a) que usted está preocupado(a) por su salud y su bienestar.
2. Evalué la posibilidad de que al niño(a) se le esté víctimando o que el niño(a) no quiera divulgar los hechos ocurridos.
3. Enséñele al niño(a) los diferentes tipos de comportamiento hiriente o inapropiados y ayúdelo(a) a identificar esos mismos comportamientos y hablar de ellos.
4. Tome los pasos necesarios para preservar la seguridad física y emocional del niño o niña.
5. Enfatice sobre el hecho de que el niño(a) merece sentirse seguro(a) y protegido(a).
6. Enséñele al niño(a) nuevas técnicas de comunicación efectiva y comunicación asertiva para resolver problemas.

Factores que Afectan el Comportamiento

Existen varios factores de la conducta de niños(as) abusados(as) o maltratados(as) que requieren de tratamiento clínico. En esta sección, revisaremos la conducta de aislamiento, conducta dependiente, conducta agresiva y la hipersexual.

Aislamiento

Algunos niños(a) evitan contacto o interactuar con adultos(as) y otros niños(as), en su intento de protegerse en contra de un posible abuso. Esta conducta de aislamiento pudiera ser un atento del niño(a) de lidiar con su ansiedad asociada al victivismo. Este tipo de conducta de aislamiento pudiera llevar al niño(a) a la soledad, dejándolo(a) así vulnerable y sin ningún sistema de apoyo.

Es muy común que el niño(a) se sienta aislado(a) socialmente y estigmatizado(a) por el abuso o el maltrato. El niño(a) tiene poco autoestima, su capacidad para comunicarse es deficiente y tiene dificultades para lidiar o manejar sus sentimientos y conductas en situaciones sociales. El niño(a) está callado(a), alerta y ansioso(a) cuando se encuentra en un ambiente sociable. A pesar de que el niño(a) evita contacto con otras personas internamente el niño(a) se siente solo(a) y le gustaría verdaderamente compartir con otras personas o niños(as).

El niño(a) se beneficiaría de un grupo de apoyo o de terapia de grupo con otros niños(as) para ayudarlo(a) en su capacidad de establecer relaciones interpersonales y para ayudarlo(a) a sentirse mejor consigo mismo(a).

Intervenciones para Utilizar:

1. Empiece a establecer una relación terapéutica con el niño o niña. Tenga presente la historia del niño o niña. Esta relación ayudara al niño(a) a sentirse seguro(a) y cómodo(a).
2. Como terapeuta, observe sus reacciones cuando el niño(a) reporta los hechos.
3. Específicamente, controle su lenguaje corporal y su entonación.
4. Converse e infórmele a su paciente (cliente) sus expectativas como terapeuta, especialmente, su disponibilidad como terapeuta y descríbale el proceso terapéutico.
5. Seleccione actividades que refuercen las destrezas adquiridas por el niño(a) hasta ahora. También enfóquese en aumentarle al niño(a) su autoestima y su competencia.
6. Ayude al niño(a) a retener su capacidad de control y de tomar decisiones. Ofrézcale opciones.
7. Ofrézcale un plan de acción. Esto le permite al niño(a) saber de antemano qué va a suceder y le ofrece opciones de cómo responder a diferentes situaciones.
8. Ayude al niño(a) a desarrollar nuevos mecanismos de defensa que eventualmente le permitirán lidiar con sus sentimientos, pensamientos y divulgar apropiadamente el abuso.
9. Recuerde que el niño(a) pudiera ser capaz de ofrecer poca información en un tiempo determinado.

Conducta Dependiente

Los adultos son responsables por la salud y el bienestar de los niños o niñas. Frecuentemente, el niño(a) que ha sido abusado(a) o maltratado(a) por aquel adulto(a) en que el niño(a) confía, exhibirá en su comportamiento regresiones muy comunes. Usualmente, estas regresiones a etapas más tempranas de su desarrollo ayudan al niño(a) a sentirse más seguro(a) y más cómodo(a). Este mecanismo normal de la conducta le permite al niño(a) fortalecer sus energías para poder atravesar y experimentar nuevas etapas de desarrollo.

Sin embargo, un patrón dependiente de conducta es más radical en comparación con la conducta regresiva. Un niño(a) que exhibe este tipo de conducta dependiente, usualmente permite que otros tomen decisiones importantes por él (ella). El niño(a) pudiera estar de acuerdo con otros aun cuando él (ella) sabe que los otros son incorrectos, el niño(a) pudiera involucrarse en actividades denigrantes con el propósito de atraer la atención de otros individuos hacia él (ella) entre muchos otros ejemplos. Un niño(a) dependiente es vulnerable y se presta fácilmente para ser explotado(a) o víctimado(a) nuevamente, ya que el niño(a) tiene una fuerte tendencia a apegarse a cualquier persona o personas que le den atención física o emocional. Este patrón dependiente de conducta pudiera crear dificultades con el desarrollo normal del niño(a) y con su capacidad para establecer relaciones humanas.

Inicialmente, para un niño(a) dependiente le es fácil participar en terapia. El niño(a) parece obediente, no ofrece mucha resistencia hacia la relación terapéutica y acepta la oportunidad de recibir terapia sin ningún problema. Sin embargo, a medida que pasa el tiempo, el (la) terapeuta comienza a observar, que el niño(a) contribuye muy poco en la terapia, que se apega fácilmente a cualquier persona y que simplemente no ofrece mucha resistencia. El reto de trabajar con un niño(a) de conducta dependiente está en poder ayudarlo(a) a separarse y a individualizarse, a tomar decisiones asertivamente y ayudar al niño(a) a desarrollar su identidad propia sobre la base de su valor, sus habilidades y su individualidad.

Intervenciones para Utilizar:

1. Demuéstrele afecto y sea cariñoso con el niño(a) a medida que le va enseñando comportamientos adecuados para su edad.
2. Sea consistente y apóyelo(a) continuamente para que tenga, de una manera estable y equilibrada, la oportunidad de sentirse más unido(a) a usted.
3. Practique con el niño(a) nuevos ejercicios para ayudarlo(a) a comunicarse más efectivamente y para ayudarlo(a) a expresar sus deseos y necesidades más fácilmente.
4. Recompense y refuerce al niño(a) cada vez que él o ella le haga una pregunta o cada vez que demuestre interés en otras áreas o actividades en general.

Conducta Agresiva

Un porcentaje alto de niños(a) extremadamente agresivos(as) tienen antecedentes de abuso o maltrato.

Estos niños(a) pudieran estar identificándose con su agresor(a), tener mucha ira o simplemente no controlar sus impulsos llevándolos a actuar de una manera inapropiada. El niño(a) que actúa en forma agresiva deberá aprender a asumir responsabilidad sobre su conducta y también a aceptar las consecuencias de su comportamiento. Aquellas posibles víctimas que el niño(a) afectará con su conducta agresiva deberán ser protegidas.

Un niño(a) que exhibe agresión frecuentemente ha sido criado(a) en un ambiente agresivo(a), con poca estructura, con disciplina inconsistente y con poca supervisión de los padres. También es típico, que los padres (madres) no se involucren en las actividades cotidianas del niño(a). En estos casos, la estructura, el planeamiento, la continuidad, la consistencia y un ambiente cariñoso son factores muy importantes al trabajar con niños(a) agresivos(as).

Los conflictos familiares continuos o intermitentes contribuyen a que el o la adolescente busque apoyo en sus compañeros(as). Y son estos(as) compañeros(as), especialmente cuando su actitud es negativa, carecen de motivación o su conducta es antisocial, que llevan al niño(a) a comportarse inadecuadamente.

Intervenciones para Utilizar:

1. Determine si el niño(a) esta siendo abusado(a).
2. Ofrézcale al niño(a) oportunidades para que él o ella practique nuevas formas de responder ante situaciones que le recuerden su abuso.

3. Asegúrele al niño(a) que el tratamiento clínico incluye la exploración de su imagen corporal y cómo ésta se relaciona con su imagen como víctima.
4. Enséñele al niño(a) a demorar su gratificación, a controlar sus impulsos eficientemente y a tomar conciencia sobre como sus comportamientos afectan a otros(as).
5. Evalué si el niño tiene pensamientos de hacerse daño o de hacerle daño a otras personas.
6. Explore con el niño(a) los beneficios o los riesgos que deben tomarse si el o ella participara en terapia de grupo, especialmente si este grupo está integrado por otros niños(as) con conducta agresiva.

El (la) terapeuta tendrá que abordar el tema de la conducta sexualmente agresiva con el niño(a) inmediatamente, garantizando así que otros niños(as) no sean víctimados(as) por el (la) paciente.

Conducta Hypersexual

El niño(a) que ha sido abusado(a) sexualmente ha sido introducido(a) prematuramente a la conducta sexual y, frecuentemente, se le ha enseñado o recompensado de alguna manera u otra su conducta sexual. El niño(a) probablemente no tiene conciencia de cómo otras personas perciben su comportamiento. Muchas víctimas son poco concientes de que sus comportamientos son seductivos y pudieran sentirse heridos(as) o confusos(as) cuando las personas los (las) rechazan por sus conductas seductivas o cuando el agresor(a) los (las) acosa sexualmente.

La conducta sexual seductiva es aprendida y reforzada por el agresor(a). Para los padres, esta conducta sexual es desconcertante y anormal. Sin embargo, muchos padres pudieran castigar al niño(a) severamente y, como resultado, el problema se complicará aún más ya que el niño o niña se aislarán aún más.

Intervenciones para Utilizar:

1. Ayude a los padres (madres) o personas que cuidan del niño(a) a utilizar intervenciones sutiles para desviar o eliminar este tipo de conducta sexual extrema El adulto puede establecer reglas y reforzar nuevas conductas del niño(a) siempre y cuando estas conductas sean apropiadas.
2. Explíqueles a los padres que este tipo de conducta es común en niños(as) que han sido abusados(as) sexualmente y que no significa que su hijo o hija se va a convertir en un agresor(a), homosexual o prostituta por haber exhibido estos comportamientos.
3. Ayude a que el niño(a) aborde todos los temas relacionados con el abuso sexual.
4. Ayude al niño(a) y enséñele a detectar aquellos comportamientos que son provocativos y a modificar cualquier comentario de tipo sexual.
5. Ofrézcale al niño(a) educación sexual. Enséñele los términos correctos, el funcionamiento de los genitales y la conducta sexual normal.

El niño(a) cambiará su manera de comportarse si él o ella lo desea, siempre y cuando éste(a) haya sido expuesto(a) a comportamientos socialmente aceptables y apropiados.

Masturbación

La masturbación es una actividad común en los niños(as) o adolescentes. Sin embargo, los niños(as) abusados sexualmente están más propensos a masturbarse en lugares inapropiados o compulsivamente. La masturbación es un mecanismo de escape para estos(as) niños(as) o adolescentes ya que les permite liberar un poco la ansiedad relacionada al trauma.

Intervenciones para Utilizar:

1. Evalué la actitud de los padres, madres o personas que cuidan del niño(a) con relación a como éstos consideran la masturbación.
2. Ayude a los padres a que refuercen o recompensen al niño(a) cuando éste(a) no sé masturbe.
3. Establezca una hora y un lugar especifico para que el niño(a) se masturbe, ofreciéndole de esta manera control sobre sus impulsos. Trate de introducir al niño(a) a situaciones sociales donde el se sienta cómodo(a), disminuyendo así su acción compulsiva.
4. Normalice los valores y actitudes de todas las personas involucradas en el caso acerca de la masturbación.

5. Lidie con las experiencias abusivas que el niño(a) experimentó, puesto que estas mismas experiencias son las que llevan al niño(a) a masturbarse frecuentemente.

82

DIFERENTES MODALIDADES DE TRATAMIENTO CLÍNICO

Las siguientes modalidades son efectivas al tratar clínicamente a niños(as), sus padres o aquellas personas afectadas por el abuso o maltrato. Recuerde que una evaluación médica rigurosa es altamente recomendable antes de iniciar cualquier tratamiento de índole psicológico. Asegúrese que usted, como terapeuta, debe determinar que tipo de modalidad de tratamiento rendirá el mejor beneficio clínico para su paciente. Tenga presente que hay niños(as) que van a recibir terapia de grupo y terapia individual simultáneamente. Combinando estos dos tipos de modalidades, usted, como terapeuta, le va a ofrecer en terapia individual al niño(a), la posibilidad de trabajar en temas específicos e íntimos; mientras que recibiendo terapia grupal el niño(a) aprenderá nuevas técnicas de comunicación, resolución de conflicto y de socialización. Los grupos psicoeducacionales son instructivos y les ofrecen oportunidad a los padres y otras personas cercanas a su paciente, para que se eduquen sobre el tema de abuso infantil y maltrato.

Como terapeuta, usted deberá seleccionar las diferentes modalidades de tratamiento clínico basándose siempre en las necesidades de sus pacientes. A continuación, presentamos las siguientes modalidades.

Programas de Prevención Primaria

El propósito de los programas de prevención primaria es el de enseñar a los niños(as) acerca de los derechos que ellos (ellas) tienen como individuos de sentirse protegidos(as) y seguros(as).

Básicamente los objetivos de los programas de prevención primaria son los de explicarles a los niños(as) lo que es el abuso infantil y el maltrato, así como motivarlos(as) a que, lo mas pronto posible, divulguen si están siendo abusados. En muchas comunidades, los programas de prevención primaria son iniciados a nivel del jardín de infancia. Los programas de prevención ayudan al niño(a) a hablar de lo que es el abuso y el maltrato, así como también a saber de antemano que hacer en caso de que este siendo abusado(a).

Hay razones para que creer que, en muchas situaciones, el niño(a) no actúa, como se recomienda en los programas de prevención primaria; sin embargo, los agresores han reportado que se sienten amenazados cuando un niño(a) les reporta que se lo va a decir a sus padres. Este mensaje pudiera ser uno de los más importante que los programas de prevención pudieran inculcarle al niño(a).

Terapia de Juego

La terapia de juego es modalidad efectiva, pues le ofrece la oportunidad al niño o niña de expresar sus sentimientos y de llegar a dominar y controlar sus recuerdos y sentimientos generados a raíz del abuso o del maltrato. El niño(a) utiliza el juego para lidiar con sus miedos y ansiedades acerca del abuso, para expresar sus sentimientos acerca de lo que le sucedió y para demostrar su conocimiento y comprensión acerca de relaciones humanas en general. La terapia de juego

le permite al niño(a) representar simbólicamente aquellos
eventos que generan miedo y ansiedad, así como también guía al niño(a) hacia la resolución y la integración de esa experiencia traumática.

La terapia de juego es especialmente efectiva cuando los niños(a) no poseen aún las habilidades verbales o cognoscitivas para poder participar de un diálogo más directo con el (la) terapeuta.

Durante la terapia de juego, el (la) terapeuta debe explorar principalmente aquellos temas o factores psicológicos específicos que el niño(a) revela frecuentemente. Sobre la base de estas contribuciones, entonces el (la) terapeuta deberá desarrollar intervenciones para ayudar al niño(a) a aumentar su nivel de destreza y su control sobre estas experiencias o memorias traumáticas. Es también imperativo que el (la) terapeuta interprete el material clínico ofrecido por el niño(a) durante la terapia de juego para ayudarlo a darle sentido, facilitando así la resolución del hecho traumático y una terminación apropiada.

Terapia Individual:

Usualmente, la terapia individual es la primera introducción del niño(a) al tratamiento clínico. Es una oportunidad para que el niño(a) interactúe con un adulto que lo apoya y que tiene el conocimiento necesario para ayudarlo(a) y también para que desarrolle una relación niño(a) -adulto(a) apropiada. La terapia individual le permite al (la) terapeuta evaluar las habilidades interpersonales del niño(a) y ayudarlo(a) al niño(a) para que aprenda las conductas apropiadas a su edad.

El objetivo de la terapia individual es facilitarle al niño(a) la comprensión, el entendimiento y la resolución de aquellas experiencias traumáticas que le afectaron su desarrollo, su personalidad y su seguridad personal. La terapia individual le ofrece al niño(a) la oportunidad de trabajar clínicamente con factores como son la confianza en sí mismo(a), el dominio, el control y la identidad propia. La terapia individual también le ofrece al niño(a) un ambiente óptimo para que divulgue los eventos traumáticos, para que identifique aquellos factores relacionados directamente con su experiencia y también para que resuelva factores intrapersonales.

Un niño(a) que va a testificar en un juicio criminal pudiera beneficiarse de la terapia individual, ya que ésta le ofrecería la oportunidad de aprender cómo responder ante la presencia del agresor(a) y también de confrontar su propio miedo.

Terapia de Grupo

La terapia de grupo es especialmente beneficiosa, ya que le permite al niño(a) disminuir el aislamiento, aumentar su destreza social y aprender patrones aceptables de comportamiento. La terapia de grupo también le permite al niño(a) identificar y aprender de otros niños(as) y de los (las) terapeutas como responder a diferentes situaciones efectivamente. También, le facilita al niño(a) la participación en un grupo de niños(as) que los (las) comprenden y le permite al niño(a) practicar muchas de las nuevas estrategias que él o ella han aprendido para mejorar sus relaciones humanas. Otros beneficios de la terapia de grupo son que permiten la normalización de las experiencias ya que el niño(a) escucha los relatos traumáticos de otros compañeros(as), aprende a socializar apropiadamente y desarrolla un sentido de identidad adecuado.

La terapia de grupo no se garantiza para aquellos niños(a) que tienen dificultad en controlar su conducta o son impulsivos. Este tipo de niño(a) pudiera perturbar el grupo o sencillamente, pudiera no ser aceptado(a) por el resto de los niños(as). Un niño(a) con poca destreza social necesitara primero de terapia individual hasta que aprenda a conducirse apropiadamente en un contexto grupal.

Terapia Familiar

La terapia familiar es más provechosa cuando la familia tiene deseos de cambiar y es capaz de considerar el abuso o maltrato como un tema que tiene que ser discutido por todos los miembros de la familia. La terapia familiar es una oportunidad para explorar roles y relaciones entre los miembros de la familia, ayudar a que reconozcan el impacto que su comportamiento tiene en cada uno y para que la cohesión y el sentido de identidad familiar crezcan aún más. La terapia familiar puede facilitar la resolución de conflictos entre los miembros aumentando así su capacidad de comunicación. La terapia familiar ofrece aun más beneficios cuando cada miembro de la familia haya recibido terapia individual o grupal por sus asuntos clínicos particulares.

La terapia familiar es un instrumento efectivo especialmente para ayudar a los miembros de la familia a expresar sus sentimientos en cuanto a reunificación se refiere, y también ayudarlos a desarrollar nuevos comportamientos para que puedan convivir como familia.

La terapia familiar no se recomienda específicamente cuando el agresor(a) no toma responsabilidad por el abuso o por su comportamiento abusivo. Temas como culpa, ira y violencia pueden ser tratados dentro de un contexto de terapia familiar, siempre y cuando cada participante se sienta seguro(a) y capaz de protegerse si es necesario.

EVALUACIÓN DE LA FAMILIA ABUSIVA

La familia y la familia de origen* son los sistemas más poderosos que un paciente puede traer consigo a terapia. En esta familia, cada miembro tiene sus roles y son éstos los que definen a la familia abusiva. En la familia abusiva, se reconocen tres personajes o roles: la víctima, el (la) agresor(a) y la persona que niega los hechos. Cada uno de estos personajes está influenciado a su vez por su personalidad individual; sin embargo, dependiendo como cada uno responda al abuso asimismo se definirá su rol en la familia.

El (la) Agresor(a)

El individuo en el papel de agresor(a) responde al abuso defendiendo su persona como tal. Hay que recordar que la mayoría de los (las) agresores(as) han sido abusados(as) o maltratados(as) anteriormente; como consecuencia, no es sorprendente que su rol este basado en tratar de defender sus acciones abusivas u a otros agresores (ras), como aquellos que lo o la abusaron cuando pequeños(as). El agresor(a) tiende a encubrir sus acciones abusivas repetidamente o a negar los hechos una y otra vez. Probablemente, el agresor(a) tiene memorias reprimidas acerca de su

*Familia de origen: Grupos de individuos típicamente representados por el padre, la madre y los hijos biológicos. Se extiende a patrones de conducta o actitudes que caracterizan la institución de la familia

propio abuso que no desea recordar, y por eso prefiere agredir a otras víctimas, en vez de confrontar sus propios temores y traumas. Los agresores(as) usualmente atacan a sus víctimas cuando sienten la necesidad de ver su dolor y temor reflejado en el rostro de éstas. El(la) agresor(a) necesita desempeñar el papel de una persona fornida recordándole así su propio abuso; aquel agresor(a) que abuso de él o ella cuando joven. Esta identificación frecuente con el (la) agresor(a) original contribuye a que el individuo perpetúe el ciclo abusivo. El(la) agresor(a) no permitirá ninguna ayuda hasta que él o ella confiese los hechos o reconozca el daño que su conducta le ha causado a su víctima o a la familia en general.

La Víctima

Generalmente, el papel con menor influencia o poder es el de la víctima y es precisamente ésta la que busca ayuda. Usualmente, en una familia hay un(a) solo(a) individuo(a) que desempeña el papel de víctima. Sin embargo, tenga presente que probablemente la mayoría o todos los miembros de esa familia pudieron haber sido abusados(as) o maltratados(as) con anterioridad en su vida. En la terapia familiar, la víctima usualmente se siente "culpable", ya que él o ella le ha causado daño a la familia al haber divulgado el secreto. La víctima se siente que ha traicionado a la familia y que ésta lo(a) rechaza. La alianza que la víctima tiene con su familia es frágil y su paciente siente que tiene que complacer a todos los miembros involucrados e inclusive al agresor(a). Como resultado, el niño(a) en el papel de víctima satisface las expectativas abusivas del agresor(a) aumentando así los episodios de abuso y maltrato.

Las Personas que Niegan lo Sucedido

Generalmente, las personas que niegan los eventos traumáticos aprendieron muy temprano en sus vidas a reaccionar de esta manera. Estas personas piensan que es mejor negar, o sea, el no aceptar o reconocer lo sucedido, ya que este proceso de negación los protegerá del dolor e impedirá que los lazos familiares se vayan a romper a causa del abuso infantil. Las personas que niegan los hechos indirectamente apoyan al agresor(a) y se comportan de una manera extremadamente sumisa con el propósito de no disgustar al agresor(a) y así, quizás disminuir los episodios de abuso o maltrato. A su vez, estas personas no verbalizan sus sentimientos acerca del abuso, aun cuando ellas mismas han sido abusadas en el pasado.

Al evaluar una familia abusiva hay que evaluar los papeles que los padres desempeñan en esta familia. Por ejemplo, en los casos típicos de incesto usted observara que el padre es el agresor y la madre la persona que niega o minimiza los hechos. Otro ejemplo pudiera ser que ambos, padre y madre, nieguen o minimicen el abuso y que el agresor(a) no resida en la misma vivienda que la víctima. De igual forma, los papeles que los niños(as) desempeñan en la familia y cuán rígidos son los roles de cada personaje deben de evaluarse cautelosamente durante la etapa inicial de terapia familiar. Una madre pudiera negar o ignorar los hechos al principio, pero eventualmente esta misma madre pudiera cambiar su rol y ser más flexible, apoyando así a la víctima o sencillamente, percibir el dolor de ésta a través de su propio abuso cuando joven. El agresor(a) usualmente es más rígido(a) y resulta difícil frecuentemente para el (la) terapeuta disminuir la rigidez del agresor(a), sin embargo, usted como terapeuta deberá evaluar cuán flexible o rígido es el agresor(a) a cualquier cambio de rol.

En este proceso de evaluación existirán muchas ocasiones en las cuales los sobrevivientes* pudieran poner en duda su habilidad como terapeuta. Los sobrevivientes se sentirán apoyados por usted, pero, al mismo tiempo, cuestionarán como es que usted como terapeuta no esta minimizando o ignorando el abuso o maltrato como lo han hecho hasta ahora sus familiares inmediatos. Para ayudar a su paciente con estas dudas usted, como terapeuta, puede pedirle que dibuje a su familia facilitándole la identificación de los diferentes roles en su familia inmediata o de origen. Como ejemplo el niño(a) pudiera dibujar a su familia y describirlos como "mi mamá no me creyó, mi papá se quedaba callado y me decía que no inventara cosas y mi hermano fue el que me hizo daño".

En cualquier familia, existen dos tipos de sistemas fundamentales que deben ser evaluados: estos son el sistema manifiesto y el sistema encubierto.

El nivel de patología en las familias abusivas debe ser estudiado siempre. El poder determinar qué miembro en la familia tiende a la depresión; quién es compulsivo o quién se mutila resulta extremadamente importante, ya que esto facilitara la implementación de un plan de tratamiento efectivo para la familia.

*_Sobrevivientes:_ Aquellos individuos que han sido abusados en el pasado.

Muchos de los síntomas observados en las familias, tienen sus raíces en el pasado. Por ejemplo, si uno de los miembros de la familia que usted esta tratando se mutila, no sería inusual encontrar en su familia de origen que el padre o la madre se haya mutilado también. No es extraño que el ciclo abusivo sea más o menos similar al que el agresor(a) experimentó cuando joven. Este proceso de desplazamiento entre una generación y otra es de suma importancia para determinar a que nivel intergeneracional se encuentra la familia. El factor intergeneracional juega un papel significativo en la familia, aunque pudiera haber casos en que este factor no esté presente.

En todas las familias, por mas disfuncionales que sean, existen ciertas cualidades que son positivas. Es muy importante que al evaluar la familia, el (la) terapeuta esté anuente de cuales son estas cualidades. Un ejemplo de una familia disfuncional es aquella que esta envuelta en cultos o abusos satánicos, estas familias demostrarán muy pocas cualidades. Seguramente, esta familia no tendrá posibilidades de convivir juntos o de funcionar de una forma aceptable. En este caso, como terapeuta usted tendría que evaluar características como, qué miembro de esta familia es capaz de expresar amor, qué miembro desearía cambiar honestamente, qué miembro lucha por recuperarse del uso de drogas, qué miembro utiliza el humor, etc. Los límites en este sistema deberán ser analizados, con el propósito de evaluar la flexibilidad de esos mismos limites.

Muchos de sus pacientes vendrán a terapia a buscar ayuda; sin embargo, éstos no estarán dispuestos a romper sus alianzas con su familia inmediata o de origen. Como terapeuta, usted sabrá que estos pacientes desean interiormente, aun sin saber, liberarse de su familia. La alianza entre el o la paciente y su familia es un conflicto emocional que deberá ser manejado con cautela por el terapeuta. El o la terapeuta pudieran proveer apoyo al paciente o enseñarle a explorar otros vínculos sociales con su familia en vez de alianzas. En las familias abusivas, las alianzas están basadas en ira y en mantener el secreto. Como resultado, la ira y el secreto están íntimamente ligados al abuso.

Para finalizar el proceso de evaluación hay que explorar y definir las reglas de disciplina en la familia abusiva. Principalmente, hay que estimar como esta familia reaccionará hacia el paciente, cuando éste o ésta divulgue el secreto que los ha mantenido unidos disfuncionalmente por tanto tiempo. Una manera típica de reaccionar de esta familia, es cuando la madre incluye al paciente y a sus hermanos(as) en sus relatos penosos, hasta el punto que cualquiera que "le cause más dolor a la madre", en este caso su paciente por haber divulgado el secreto, sería considerado un desertor(a) y sería atacado severamente por todos los miembros de esa familia hasta el punto de aislarlo(a) de ella.

Tratamiento e Intervenciones

Las intervenciones son aquellas técnicas que se utilizan para lograr cambios en el (la) paciente y eventualmente en su familia. Estos cambios positivos en el (la) paciente y su familia se logran con la guía y constante supervisión del o de la terapeuta. El o la terapeuta asumirá que si una intervención particular ayuda a su paciente entonces, esta misma intervención provocará cambios en el ámbito familiar.

Él o la terapeuta no debe sobreestimar el poder que sus pacientes poseen de efectuar cambios en sí mismos. Mucho del crecimiento de una persona proviene de cuando ésta experimenta con una situación nueva y su padre (madre) tiene la oportunidad de ser testigo de ello. Por ejemplo, un niño(a) que corre a su casa para contarle a su mamá algo nuevo que aprendió. El valor de lo que el niño(a) aprendió y el crecimiento espiritual de ese niño(a) se basará en el apoyo y reconocimiento de esa madre una vez que el niño(a) le haya contado lo que hizo.

Como terapeutas apoyen a su paciente sin interferir en su crecimiento. Recuerden que *los cambios más efectivos son aquellos que el o la paciente logra por sí mismo(a).*

Durante el transcurso del tratamiento, usted observará cómo su paciente va asimilando nuevos conocimientos y cómo atraviesa por diferentes etapas hasta llegar al cambio positivo deseado. Las intervenciones que usted utilizará como terapeuta variarán dependiendo de la etapa en que su paciente se encuentre. Recuerde que muchas de estas intervenciones pudieran alternarse dependiendo de la necesidad de su paciente.

Las familias abusivas usualmente se presentan como vistiendo un disfraz, en otras palabras, muestras una imagen distorsionada de lo que en realidad son. La patología y el abuso en si está regido por una regla de silencio. La primera etapa es la de "desenmascarar" esta imagen distorsionada rompiendo así el silencio.

El equilibrio de esta familia se va a romper cuando el (la) paciente comienza a revelar el abuso y todas sus experiencias traumáticas a las que él o ella fueron sometidos(as). El sistema familiar resentirá este cambio inesperado y tratará una vez más que el (la) paciente se guié por la ley del silencio, dando oportunidad a que el sistema familiar recobre su equilibrio. Para lograr la recuperación del equilibrio, la familia puede, por ejemplo, manipular emocionalmente al (la) paciente. El (la) mismo(a) paciente a través de la racionalización puede evadir esta confrontación al considerar que sus padres son "muy ancianos" y que no existirá motivo alguno por el cual les deba causar dolor a sus padres o aquella persona que lo abuso.

Como terapeuta su responsabilidad es la de escuchar a sus pacientes, incitarlos para que verbalicen todo los pensamientos y sentimientos relacionados con el abuso y valorar los esfuerzos que ellos hacen, con el propósito de lograr cambios positivos en sí mismos.

La segunda etapa se caracteriza porque el o la paciente comienza a establecer límites y cambios en su familia. Estos cambios en el o la paciente están directamente relacionados con el progreso que han logrado en su proceso de recuperación. Por ejemplo, comienza a decirle a sus padres "no me llames tanto, no me toques, no me mires así, etc." El o la paciente se atreve por primera vez, a expresar sus deseos y sus sentimientos a su familia. Como terapeuta, usted observara que su paciente parte de un rol inicial sumiso para adaptarse eventualmente a uno más asertivo. Esta transformación interna le permite a su paciente alcanzar un equilibrio en donde él o ella se sienta satisfecho(a) y capaz de ser firme y directo(a) en un futuro. Usted, como terapeuta, guiará a su paciente a través de estas nuevas experiencias y lo ayudara a desarrollar distintas estrategias para facilitarle su comunicación directa con la familia.

El poder separarse o diferenciarse de la familia de origen es otra de las áreas que, como terapeuta, usted deberá discutir con su paciente y con los sobrevivientes. Cuanto más abusiva ha sido la familia con su paciente, más difícil le será a éste(a) diferenciarse o separarse de su familia. Recuerden que estas familias abusivas se mantienen unidas por su alto grado de disfuncionalidad. Una familia funcional, por el contrario, alcanzará la separación de una manera gradual y saludable. Sin embargo, estas familias disfuncionales, debido a su propia patología, son incapaces de llegar a la diferenciación sin crear varias crisis. La función del (la) terapeuta será entonces, llegado el momento de ayudar a su paciente a través del proceso de separación o diferenciación y también, el de ayudarle (la) a que expanda su sistema de apoyo. Recuerden, que las familias abusivas buscan constantemente mantener el equilibrio del sistema y, como resultado, ignoran la existencia de otras alternativas saludables.

La penúltima etapa del tratamiento es la exploratoria. Es en esta etapa en donde el o la paciente comienza a explorar profundamente los conflictos y patologías de su familia inmediata, así como a poner en práctica todo lo que él o ella haya aprendido clínicamente con anterioridad. Es aquí en donde probablemente todas aquellos recuerdos reprimidos por el (la) paciente volverán a resurgir. Es una etapa dolorosa para el o la paciente, pero sumamente crítica y necesaria. Es en esta etapa donde verdaderamente se inicia el proceso de recuperación de su paciente.

Durante esta etapa, es muy común que el o la paciente lidie con sus conflictos familiares a través de los sueños. El o la terapeuta pudiera interpretar este material siempre y cuando tengan el entrenamiento adecuado. Los conflictos de transferencia y contratransferencia aparecerán con mas fervor y se espera que usted, como terapeuta, este anuente a estos factores. Muchos pacientes desearán invitar a sus familias a las sesiones de terapia. Como terapeuta usted no recomendara esta invitación, al menos que su paciente haya resuelto sus conflictos internos y posea la destreza necesaria para confrontar a su familia.

La primera sesión en donde su paciente confrontará a la familia deberá ser cautelosamente planeada antes de que se lleve a cabo, minimizando así cualquier riesgo inesperado. Es importante que todos los miembros de la familia estén presentes durante esta sesión. Esta no es una sesión en la cual su paciente va a descargar su ira contra la familia, al contrario, durante esta sesión su paciente conversara con los miembros de la familia acerca del abuso y cómo éste ha afectado su vida. Su función como terapeuta será la de apoyar, fortalecer y guiar a su paciente durante esta etapa final o terminación del tratamiento.

CONFIDENCIALIDAD

La confidencialidad se refiere a la obligación que usted tiene como profesional de no divulgar ninguna información acerca de su paciente, sujeto experimental, empleado, persona supervisada por usted sin el permiso escrito de ésta. Esta información que usted posee acerca de cualquier paciente en particular fue obtenida a través de su relación profesional con esta persona.

Los casos de abuso infantil son una excepción a esta regla, ya que siempre se le urge al profesional divulgar los hechos, con el propósito de erradicar los incidentes de abuso infantil en el ámbito mundial.

Protección de una Víctima o Futura Víctima

Como profesional o simplemente como ser humano, habrá muchas instancias en que usted se sienta inseguro(a) de sus acciones. Sin embargo, a continuación describimos varias situaciones en las que usted pudiera prevenir que un niño(a) sea abusado(a) o posiblemente salvarle la vida.

- Cuando usted, como terapeuta, se entera o sospecha que un niño(a) está siendo abusado(a), por favor llame a las autoridades debidas o consulte con otro profesional acerca de los hechos.
- Cuando usted ,como profesional, sabe que el o la paciente representan un peligro para sí mismos o para otras personas, por favor busque ayuda.
- Cuando usted tiene conocimiento de que a un niño(a) no se le esta ofreciendo la atención

medica necesaria, pregúntese cuál será la razón e investigue la causa.

- Instrúyase sobre los servicios ofrecidos en su comunidad para el bienestar social.
- Edúquese con relación a las leyes de su país.
- Ayude a combatir el abuso infantil a través de sus acciones como profesional, padre, madre, hermano(a), amigo(a), etc.
- Siempre busque ayuda aun cuando la sospecha sea mínima. No se decepcione con su sistema de apoyo.
- Usted no cese de buscar ayuda y, sobre todo, proteja a los niños(as) del abuso.
- Recuerde: consulte siempre con otra persona cuando tenga dudas sobre un caso o casos en particular.

EL (LA) TERAPEUTA COMO PROFESIONAL

El o la terapeuta posee una responsabilidad muy grande al trabajar con niños(a) abusados(as). Especialmente, por que se espera que el niño(a) se recupere de esa experiencia tan traumática como es el abuso.

La función inicial del (de la) terapeuta es crear una atmósfera estable y segura para facilitar la comunicación entre el niño(a) y su terapeuta. A través de esta relación, el niño(a) aprenderá a confiar en él o ella y eventualmente le expresará sus pensamientos y sentimientos asociados al abuso. El o la terapeuta ayuda al niño(a) a comprender las dinámicas del abuso, a verse a si mismo(a) como individuos capaces de ser asertivos(as) y no víctimas y apoya la integridad personal y la individualidad. El o la terapeuta le enseña al niño(a) a tomar precauciones para prevenir ser abusado(a) de nuevo y le enseña nuevas estrategias para preservar su seguridad personal. Él o la terapeuta también ayuda al niño(a) para que el o ella pueda volver a confiar en otras personas o a establecer relaciones humanas duraderas.

Como adulto, el o la terapeuta actúa como un modelo para poder enseñarle al niño(a), con ejemplos lo que es la expresión adecuada de sentimientos en general y de afecto. El o la terapeuta le ofrece al niño(a) la oportunidad de explorar temas como la confianza, la aceptación, la afiliación y la intimidad emocional. Asimismo, el niño(a) utilizará la imagen de su terapeuta como un modelo para poder establecer relaciones duraderas con otros individuos en un futuro.

Es importante que el (la) terapeuta este siempre consciente de sus reacciones especialmente cuando el niño(a) divulgue algún evento traumático o sensitivo. Hay que recordar que también los (las) terapeutas son seres humanos y que muchas de las situaciones que encontrarán al tratar a sus pacientes serán inaceptables en el ámbito personal. Cuando usted como profesional tenga una reacción intensa ante cualquier material clínico, por favor busque supervisión. De esta forma no pondrá en peligro el tratamiento de su paciente o la familia de este.

En el caso de la terapia familiar es importante que el o la terapeuta mantenga sus límites claros y bien definidos. Usted, como terapeuta no deberá interferir en la relación de su paciente con sus padres. Al contrario, usted ayudará a que el niño(a) interactué apropiadamente con sus padres y les ofrecerá un mejor modelo para ayudarlos a resolver sus conflictos adecuadamente. También, el terapeuta ayudará al niño(a) a ser más realista y a adaptarse a un sistema más pragmático. Esto es de suma importancia para aquellos niños(a) que tienen dificultad en aceptar que sus padres (madres) no desean cambiar su manera de ser o actuar.

PREVENCIÓN DEL ABUSO, MALTRATO Y EXPLOTACIÓN DE MENORES DE EDAD

Al tratar de concluir este manual, consideramos, como una necesidad básica y primordial, discutir brevemente la prevención del abuso, maltrato y explotación de menores de edad a niveles globales.

Al analizar detenidamente todos los factores que afectan el desarrollo normal de nuestra niñez como resultado directo del abuso, encontramos que el ofrecer entrenamientos, cursos de capacitación y adiestramiento a diferentes profesionales como lo son psicólogos, psiquiatras, médicos, enfermeras, educadores, personal docente, trabajadores sociales, etc., desafortunadamente, no es suficiente.

Nuestra misión esta basada en continuar fomentando la seguridad y protección de nuestra niñez, independientemente de los obstáculos sociales y económicos que pudiésemos encontrar a lo largo de nuestro arduo camino.

Como prevención nos referimos a cualquiera intención, labor o palabra hablada con el firme propósito de evitar, eliminar o prevenir que un(a) menor de edad sea agredido(a).

A continuación le ofrecemos varias actividades que le ayudarán a auspiciar la prevención del abuso infantil en su comunidad o país.

- Ofrezca cursos gratuitos con miras a prevenir el abuso infantil.
- Manténgase en comunicación con otros profesionales o personal docente con el propósito de determinar las necesidades de las diferentes comunidades.

- Conduzca sesiones o debates con grupos de adolescentes e instrúyalos(as) acerca de sus derechos como persona.
- Eduque a los padres (madres) e invítelos(as) a los cursos ofrecidos por el Ministerio de Salud, Titular de Menores, Centros Educativos o Religiosos u otras instituciones.
- Invite a los líderes de su comunidad para que se involucren en actividades sociales con los niños(as) e instrúyalos también en lo que se refiere al abuso infantil.
- Eduque a los niños(as) a niveles preescolares y escolares acerca de sus derechos como personas.
- Invite a las personas de su comunidad a que se unan a la lucha mundial contra el abuso infantil.
- Si usted tiene conocimiento de que un niño(a) está siendo abusado(a), por favor busque asistencia y así probablemente le salvará la vida.
- Si usted ha sido abusado(a) anteriormente entonces busque ayuda para que no repita una vez más el ciclo abusivo con sus propios descendientes.

Finalmente, no se decepcione con el sistema en que usted vive, simplemente continúe la búsqueda de otros métodos si su plan inicial para contrarrestar el abuso infantil no se llega a materializar.

CONCLUSIÓN

Esperamos que después de haber estudiado este libro, usted haya ampliado su conocimiento clínico con relación al abuso, maltrato y explotación de menores. Este libro fue escrito con el propósito de compartir nuestro conocimiento y experiencia con otros profesionales en el campo de la salud mental.

Nuestra inspiración para el desarrollo y el diseño de éste, proviene del haber trabajo intensamente durante muchos años con menores de edad que padecen de algún tipo de problema emocional o mental, que desafortunadamente han sido abusados(as), maltratados(as) y explotados(as) desde muy pequeños y que han sido removidos(as) de su entorno a causa del abuso.

Las autoras de este libro les agradecen su interés en este tema tan alarmante y doloroso para tantos niños y niñas y les urge a todos, que se unan a la lucha contra el abuso de los (las) menores en el ámbito mundial.

BIBLIOGRAFÍA

American Psychiatric Association (1994), *Diagnostic and statistical manual of mental disorders (4th ed.)* Washington, DC: Author.

Bass, E., & Davis, L. (1994), *The courage to heal.* New York, NY: HarperCollins Publishers.

Bass, E., & Thornton, L. (1983), *I never told anyone: Writings by women survivors of child sexual abuse.* New York, NY: Harper & Row.

Besharov, D. J. (1990), *Recognizing child abuse: A guide for the concerned.* New York, NY: Free Press.

Briere, J. N. (1992), *Child abuse trauma. Theory and treatment of the lasting effects.* California: Sage Publications Inc.

Davis, L. (1990). *The courage to heal workbook.* New York, NY: Harper & Row.

Dolan, I. M. (1991), *Resolving sexual abuse.* New York, NY: W. W. Norton & Company, Inc.

Finkelkor, D. (1987), *A sourcebook on child sexual abuse.* Newbury Park, CA: Sage Publications.

Friedrich, W.N. (1990), *Psychotherapy of sexually abused children and their families.* New York, NY: Norton

Garcia-Pelayo y Gross, R. (1991), *Pequeño Larousse ilustrado.* México, D.F.: Ediciones Larousse.

Gil, E. (1983), *Outgrowing the pain: A book for and about adults abused as children*. San Francisco, CA: Launch Press.

Gil, E. & Johnson, T. C. (1993), *Niños sexualizados*. Walnut Creek, CA: Launch Press.

Gil, E. (1991), *The healing power of play: Working with abused children. New York, NY: The Guilford Press*.

Helfer, R. E., y Kempe, R.S. (1987), *The battered child* (4th ed.). Chicago, IL: University of Chicago Press.

Kaplan, S. M. (1995), *Wiley's English/Spanish dictionary of psychology and psychiatry*. New York, NY: John Wiley & Sons, Inc.

Maltz, W. & Holman, B. (1992), *Incest and sexuality. A guide to understanding and healing*. Lexington, MA: Lexington Books.

Pritchard, D. R., et al. (1986), *The American heritage Spanish dictionary. Spanish/English, English Spanish*. Boston, MA: Houghton Mifflin Company

Stoop, D., Masteller, J., & Meier, P. (1991), *Forgiving our parents, forgiving our selves. Healing adult children of dysfunctional families*. Michigan: Servant Publications.

Walker, L.E.A. (1988), *Handbook on sexual abuse of children: Assessment and treatment Issues*. New York, NY: Springer.

U.S. Department of Health and Human Services. (1993), *The role of mental health professionals in the prevention and treatment of child abuse.* Washington, DC: U.S. Government Printing Office.

U.S. Department of Health and Human Services. (1993), *Child sexual abuse: Intervention and treatment issues.* Washington, DC: U.S. Government Printing Office.

U.S. Department of Health and Human Services. (1993), *Treatment for abused and neglected children: Infancy to age 18.* Washington, DC: U.S. Government Printing Office.

U.S. Department of Health and Human Services. (1999). *Child maltreatment 1997: Reports from the states to the national child abuse and neglect data system.* Washington, DC: U.S. Government Printing Office.

APÉNDICE A

El Caso de Luisa

Giovanna M. De León Lambraño

EL CASO DE LUISA

Luisa es una joven atractiva de 14 años nacida en una pequeña provincia. Luisa llegó a la capital cuando tenia ocho años para vivir con su mamá Juana y con el novio de ésta, Edgardo y con unos primos mayores de edad. A Luisa la alejaron de la casa de su mamá cuando se reportaron alegaciones de abuso sexual en contra del novio de su mamá. De acuerdo con la orden de detención, Edgardo si admitió haber abusado sexualmente a la niña en tres diferentes ocasiones. Luisa también confesó que su mamá la golpeaba severamente. La mamá ha ignorado la orden de la Corte que no tenga más contacto con su novio Edgardo. Como resultado, Luisa tiene miedo de regresar a la casa. Luisa intentó suicidarse (tomó una sobredosis de pastillas) a raíz de todos estos conflictos y del abuso. Luisa tuvo que ser hospitalizada, y durante su hospitalización declaró que ella le había dicho a su mamá que Edgardo la había abusado sexualmente. Según Luisa, la mamá Juana confrontó a Edgardo con estas alegaciones, pero no hizo nada al respecto. Juana no protegió a Luisa en el sentido de que ella permitió que Edgardo siguiera teniendo contacto con la joven.

Luisa ha reportado problemas al dormir, no tener suficiente apetito, se ha tratado de matar varias veces, tiene pesadillas sobre lo que pasó y las imágenes de lo sucedido se le vienen a la mente con frecuencia.

114

APÉNDICE B

Plan de Tratamiento Individualizado de "Luisa V."

Giovanna M. De León Lambraño

PLAN DE TRATAMIENTO INDIVIDUALIZADO

Datos Personales del Paciente

Nombre: Luisa V.
Fecha de Admisión: 01-01-00
Cedula de Identidad: 0-000-000
Departamento: Psicología
Dirección: Vía Reforma #55
Médico o Psiquiatra: Dr. Cruz
Numero de Teléfono: 555-5555
Referido por: Srta. López
Fecha de Nacimiento: 14-08-1985
Escuela: Primer Ciclo Guerra
Edad: 14
Sexo: Femenino
Estado Civil: Soltera

Familiares o Persona Responsable:

Nombre del Padre o Tutor: Edgardo M. (novio de la madre)
Dirección: Vía Reforma 55
Número de Teléfono: 555-5555
Nombre de la Madre: Juana M. L.
Dirección: Vía Reforma 55
Número de Teléfono: 555-5555

Síntomas que se presentan:

1. **Depresión**
2. **Ideación Suicida**
3. **Trastorno Negativita Desafiante**
4. **Víctima de Abuso Sexual**
5. **Víctima de Abuso Físico**

Giovanna De León – Catalina Alvarez

Evaluación del Estado Mental:

<u>**Presentación del Paciente**
Funcionamiento Mental</u>

Apariencia: Presentable
Cálculos Simples: Precisos
Humor: Deprimida
Memoria Inmediata: Intacta
Actitud: Cautelosa / defensiva
Memoria Remota: Intacta
Afecto: Afecto inexpresivo
Conocimiento General: Casi Intacto
Habla: Normal
Interpretación de proverbio: Casi Intacto
Actividad Motora: Relajada
 Similitudes y Diferencias: Precisas
Orientación: Orientada X 3

<u>**Habilidades Mentales Superiores**
Forma y Contenido del Pensamiento</u>

Juicio: Casi deteriorado
Proceso del Pensamiento: Lógico / organizado
Delusión: Ausente
Inteligencia: Normal
Alucinación: Ausente

<u>**Evaluación de Riesgos**</u>

De cometer suicidio: Alta
De atacar a otras personas: Ninguno
De destruir propiedad privada: Ninguno
De ser abusado o abusada de nuevo: Alta

Diagnósticos de acuerdo con el DSM-IV

Axis I: 296. 34 Trastorno Depresivo Mayor, Recurrente, con Características Psicóticas.
309.81 Trastorno de Estrés Postraumático
313.81 Trastorno Negativista Desafiante

Axis II: 301.83 R/O Trastorno Límite de la Personalidad

Axis III: Ninguno reportado

Axis IV: Víctima de abuso físico y sexual, violencia en la familia

Axis V: Funcionamiento Actual: 31-41
Funcionamiento del año pasado: 40

Plan del Tratamiento:

1. Depresión: presenta pensamientos o gestos suicidas, afecto triste, desilusiones o alucinaciones asociados al humor.

Objetivos a Largo Plazo:

- Eliminar la depresión en un año. La paciente reportará sentirse energética, participará en actividades que le agraden y socializará frecuentemente.

Objetivos a Corto Plazo:

- La paciente eliminará los pensamientos, comentarios o gestos suicidas en un mes o menos.
- Tomará las medicinas prescritas por él medico bajo la supervisión de un(a) adulto(a).
- Determinará la conexión entre la depresión y su rebeldía, sus gestos destructivos o su aislamiento.

Intervenciones Terapéuticas:

- Interpretar los comportamientos inusuales o descarga emocional involuntaria como reflejo de la depresión de su paciente.

  Fecha de Inicio: _______________
  Implementado por: _______________

- Evalúe los mensajes cognitivos que la paciente utiliza para reforzar su impotencia o desesperación.

  Fecha de Inicio: _______________
  Implementado por: _______________

- Enséñele y refuerce en su paciente los mensajes cognitivos positivos que ella utilice para ganar más confianza y aceptación de ella misma.

Fecha de Inicio: _________________
Implementado por: _________________

- Apoye a su paciente cuando le exprese abiertamente sus sentimientos de ira, de dolor o de desilusión.

Fecha de Inicio: _________________
Implementado por: _________________

2. Ideación Suicida o Intento de Suicidio: La paciente ha sido hospitalizada o ha tenido que ser supervisada constantemente por haber intentado suicidarse o haber expresado pensamientos relacionados con el suicidio.

Objetivos a Largo Plazo: (1 año)

- La paciente eliminará los pensamientos o intentos suicidas y regresará a su nivel global de funcionamiento óptimo en un año.

Objetivos a Corto Plazo: (Próximos seis meses)

- La paciente le hará una promesa de no lastimarse o matarse (como parte de un contrato terapéutico).
- La paciente prometerá pedir ayuda en caso de que tenga pensamientos suicidas.
- La paciente reportará una disminución de la frecuencia y de la intensidad de sus ideaciones suicidas de por lo menos el 75%.

- La paciente tomará las medicinas prescritas por el doctor y se reportarán cualquier efecto secundario.

Intervenciones Terapéuticas:

- Evaluar y monitorizar regularmente el potencial suicida de su paciente.

  Fecha de Inicio: __________________
  Implementado por: ________________

- Explorar las razones por las cuales la paciente se quiere suicidar y la intensidad de su desesperación.

  Fecha de Inicio: __________________
  Implementado por: ________________

- Haga un contrato con su paciente en donde se identifique claramente las acciones que ella seguirá o no, en caso de, que tenga pensamientos suicidas.

  Fecha de Inicio: __________________
  Implementado por: ________________

- Ayudar a la paciente a encontrar actividades, nuevas metas o distracciones que le ayuden a sobrepasar esta crisis.

  Fecha de Inicio: __________________

Implementado por: _______________

3. Trastorno Negativista Desafiante: Como se demuestra a través del negativismo, conducta hostil y actitud desafiante hacia los adultos aún cuando las demandas de los adultos son justas.

Objetivos a Largo Plazo: (1 año)

- La paciente tratará con respeto a los adultos y viceversa.
- La paciente resolverá aquellos conflictos que contribuyen a su ira, hostilidad y su conducta desafiante.

Objetivos a Corto: (6 meses)

- La paciente aprenderá a discernir la asociación entre sus sentimientos y comportamientos en terapia individual o de grupo.
- La paciente identificará, por lo menos, el 70% del tiempo, su ira y la razón de ésta.

Intervenciones Terapéuticas:

- Desarrolle un alto nivel de confianza con su paciente, a través de la utilización del contacto ocular debido, del escuchar atentamente, de ofrecerle estimación positiva incondicional y aceptación para ayudarla a identificar y expresar sus sentimientos adecuadamente.

Fecha de Inicio: _________________
Implementado por: _________________

- Motive a su paciente para que exprese las razones de su conducta hostil y negativismo en una forma abierta, sincera y apropiada.

  Fecha de Inicio: _________________
  Implementado por: _________________

- Ayude a su paciente para que pueda identificar sus sentimientos de ira y a expresarlos adecuadamente.

  Fecha de Inicio: _________________
  Implementado por: _________________

4. Víctima de Abuso Sexual: Se demuestra en las declaraciones de la paciente o en la conducta seductiva y provocativa de ésta con otros niños(as) más jóvenes, compañeros o adultos.

Objetivos a Largo Plazo: (1 año)

- La paciente resolverá clínicamente todos los conflictos relacionados con el abuso sexual a que ella fue sometida, controlando así sus emociones y conductas dentro de un margen saludable.
- La paciente eliminará todos los comporamientos y comentarios inapropiados de índole sexual.

- La paciente desarrollará y aumentará su autoestima al enunciar comentarios positivos acerca de ella como persona. La paciente también participará frecuentemente en eventos sociales o en cualquier otra actividad de su agrado.

Objetivos a Corto Plazo: (6 meses)

- La paciente expresará como el abuso sexual le ha cambiado su vida.
- La paciente identificará y expresará aquellos sentimientos asociados con el abuso.
- La paciente estabilizará su humor con o sin la ayuda de medicamentos, y disminuirá la intensidad emocional asociada con el abuso.

Intervenciones Terapéuticas:

- Explore, motive y apoye a la paciente cuando exprese y defina sus sentimientos asociados con el abuso.

Fecha de Inicio: _____________________
Implementado por: _____________________

- Implemente y cerciórese de que su paciente y cualquier otro niño (niña) residiendo en esa casa van a estar debidamente protegidas del agresor, aún en el futuro.

Fecha de Inicio: _____________________
Implementado por: _____________________

Motive a la paciente y sus intentos de tomar las medidas necesarias para protegerse del agresor.

Fecha de Inicio: _______________
Implementado por: _______________

- Utilice la terapia de juego para ofrecerle a la paciente la oportunidad de que exprese y resuelva su experiencia traumática.

Fecha de Inicio: _______________
Implementado por: _______________

5. Víctima de Abuso Físico: Como lo ha demostrado la paciente a través de las evidencias físicas encontradas tales como mordidas, golpes, hematomas, etc.

Objetivos a Largo Plazo: (1 año)

- La paciente reconstruirá su autoestima y su valor propio.
- La paciente eliminara el miedo, la vergüenza y la tristeza.

Objetivos a Corto: (6 meses)

- La paciente estabilizará su humor y reducirá la intensidad emocional asociada al abuso.
- La paciente expresará en terapia individual como el abuso le ha afectado su vida.
- La paciente reducirá la pena y la culpa, una vez que acepte que ella no provocó el abuso.

Intervenciones Terapéuticas:

- Utilice la terapia de juego individual para ofrecerle la oportunidad a la paciente de que exprese y resuelva su experiencia traumática.

  Fecha de Inicio: ________________
  Implementado por: ________________

- Confronte a la paciente cuando intente justificar las acciones del agresor o cuando se sienta responsable por lo sucedido.

  Fecha de Inicio: ________________
  Implementado por: ________________

- Ayude a la paciente a identificar y a desarrollar su valor propio, basado en su talento, cualidades y su valor espiritual.

  Fecha de Inicio: ________________
  Implementado por: ________________

Modalidades de Tratamiento

La paciente recibirá las siguientes modalidades de tratamiento:

Terapia Individual	2 veces	semanalmente
Terapia de Grupo	4 veces	semanalmente
Consulta Médica	1 vez	mensualmente

Giovanna De León – Catalina Alvarez

Terapia recreativa   5 veces   semanalmente
Administración conductual   6 veces   mensualmente

Nota: Si la paciente intenta suicidarse o a otras personas o pacientes entonces se utilizarán el cuarto de reclusión, programa de supervisión cerrado o las técnicas de control mecánico para ayudarla a controlar esos impulsos.

Teorías de Referencia y sus Intervenciones para Utilizar:

- Reestructuración Cognitiva
- Terapia Confrontativa
- Confrontación
- Técnica Conductual: economía de fichas, sistema conductual de puntos, modelamiento, tiempo fuera, etc.

Pronóstico:

La probabilidad de que la paciente logre las metas de su tratamiento es: baja
La razón fundamental de esta probabilidad: es el pasado incumplimiento de esta paciente con su tratamiento médico.

Procedimiento de Dar de Alta

Cuando se le dé de alta: La paciente irá a vivir a un hogar adoptivo, a menos que legalmente se determine otro lugar de residencia.

Fecha aproximada para que la paciente resuelva sus conflictos: 1 año

Número aproximado de sesiones que la paciente tendrá para completar su tratamiento: La paciente alcanzará, por lo menos, el 90% de las sesiones antes de que sea considerada para que se le dé de alta.

A la paciente se le dará de alta cuando sus destrezas sociales sean apropiadas a la edad de su grupo y cuando su humor, pensamientos y comportamientos hayan sido estabilizados, de tal forma que la paciente pueda funcionar en un ambiente con menos supervisión.

Respuesta de la Paciente ante su Plan de Tratamiento:

____

____

Yo, Luisa V. he revisado este plan de tratamiento.

____

Firma de la Paciente

____

Fecha

Proveedores del Tratamiento

**Magíster Giovanna De León
Psicóloga Clínica**

Fecha

**Dr. Cruz
Psiquiatra**

Fecha

APÉNDICE C

Revisión Mensual del Plan de Tratamiento

Giovanna M. De León Lambraño

REVISIÓN MENSUAL DEL PLAN DE TRATAMIENTO

Nombre: Luisa L.
Fecha: 02-02-00
Fecha de Nacimiento: 14-08-1985
Fecha de Admisión: 01-01-00
Diagnóstico:
Axis I: 296.34 Trastorno Depresivo Mayor,
Recurrente, con Características Psicóticas.
          309.81 Trastorno de Estrés Postraumático
          313.81 Trastorno Negativista Desafiante

Axis II: 301.83 R/O Trastorno Límite de la Personalidad

Axis III: Ninguno Reportado

Axis IV: Víctima de abuso físico y sexual, violencia en la familia

Axis V: Funcionamiento Actual: 31-41
          Funcionamiento del Año Pasado: 40

Participantes:
Dr. E Cruz, MD. Psiquiatra
Dr. Harry Henshaw, Ed. D. Director
Magíster Catalina Álvarez, Directora Clínica
Magíster Giovanna De León, Psicóloga Clínica
Marta Pérez, Trabajadora Social
Virginia López, Enfermera
Blanca Uribe, Maestra
Carmen Osorio, Guardián Legal
Juana M. L., Madre de la paciente

1. Depresión: presenta pensamientos o gestos suicidas, afecto triste, delusiones o alucinaciones asociados al humor.

El humor de la paciente es depresivo especialmente cuando la paciente habló acerca del abuso físico causado por su mamá. La paciente también asumió responsabilidad por lo que hizo su mamá al reportar "yo no me estaba portando bien, yo no estaba siendo una buena niña y por eso lo que sufrí está bien merecido." Cuando la paciente habló acerca del abuso sexual causado por Edgardo (el novio de la madre) su expresión facial fue insulsa, su voz apenas se escuchaba y demostró estar ansiosa. Comenzó a temblarle la pierna y repetidamente preguntó acerca de cuándo iba a regresar a casa de su mamá. La paciente no reporta ninguna alucinación o material delusivo. Su preocupación se basa principalmente en ir a vivir de nuevo con su mamá. Esta preocupación no parece ser de índole psicótica.

2. Ideación Suicida o Intento de Suicidio: La paciente ha sido hospitalizada o ha tenido que ser supervisada constantemente por haber intentado suicidarse o haber expresado pensamientos relacionados con suicidio.

La paciente ha admitido haber pensado quitarse la vida por lo menos en una ocasión porque pensó que la señora que la cuidaba "no la quería." En otra ocasión, la paciente tomó una pluma y se perforó la piel en la región del tobillo dejando así marcadas las iniciales de su novio. La paciente nunca reveló esto, a ningún adulto, hasta que días más tarde una compañera se dio cuenta y se lo dijo a la enfermera porque las heridas se le estaban infectando. Como resultado de esta conducta destructiva la paciente ha tenido que ser supervisada constantemente.

3. Comportamiento Negativista Desafiante: Se demuestra a través del negativismo, conducta hostil y actitud desafiante hacia los adultos aun cuando las demandas de 'estos son justas.

La paciente ha tenido dificultad en adaptarse a su nuevo ambiente y ha tratado de manipular al personal reportando constantemente que le duele la cabeza o él estómago, que tiene fiebre o que no puede hablar, entre otros síntomas. La paciente también cuestiona cada instrucción que se le da y le gusta llamar la atención de los demás, especialmente cuando asume su rol de pobre víctima o cuando reporta haber perdido la memoria. La paciente evade confrontaciones diciendo que ella no sabe lo qué pasó, porque lo hizo o simplemente que no recuerda nada. La paciente será motivada para que asuma responsabilidad sobre sus acciones, dándole así la oportunidad de asociar sus verdaderos sentimientos a su conducta defensiva.

4. Víctima de Abuso Sexual: Se demuestra en las declaraciones de la paciente o en su conducta seductiva y provocativa con otros niños más jóvenes, compañeros o adultos.

Las personas que cuidan de la paciente temporalmente en el hogar adoptivo han reportado que la paciente se ha comportado seductoramente con su hijo adolescente. En la escuela, a la paciente se la ha sorprendido haciendo comentarios sexualmente inapropiados, o tocándole las partes privadas, por lo menos, a dos o tres varones. En sesión, la paciente ha hablado acerca de su abuso sexual, sin embargo, no ha podido todavía expresar sus sentimientos acerca del abuso en sí. La paciente rehúsa aprender medidas de seguridad para protegerse a sí misma y niega la posibilidad que su mamá haya sido responsable por lo que a ella le pasó con su padrastro.

5. Víctima de Abuso Físico: Lo ha demostrado la paciente a través de las evidencias físicas encontradas tales como mordidas, golpes, hematomas, etc.

La paciente ha hablado acerca del abuso físico que la madre le proporcionó. La paciente continúa culpándose por esto y buscando excusas por la conducta agresiva de la madre. La paciente se siente culpable y cree firmemente que la madre hizo bien al golpearla, porque ella no se estaba portando bien. Al hablar sobre su futuro, la paciente no hizo más que pedir que se le permitiera regresar a vivir con su mamá. A la paciente se le invitó a que participara activamente en terapia individual y de grupo, con el fin de resolver sus experiencias traumáticas a raíz del abuso.

Procedimiento de Dar de alta: Los planes para darle de alta a la paciente fueron discutidos por el equipo interdisciplinario y, debido a que ella acaba de iniciar el tratamiento, se recomienda que continúe en la institución por lo menos un año más.

Reporte Académico: Los maestros han reportado que la conducta de la paciente en la escuela es apropiada aunque no interactúa frecuentemente con sus compañeros(as). A la paciente se la ve más en compañía de compañeros varones. A veces, la paciente ha tratado de llamar la atención de todos sus compañeros en el aula, pero una vez que se le ha llamado la atención, ella ha sido capaz de concentrarse en la tarea que realizaba originalmente.

Modalidades de tratamiento que la paciente ha recibido:

Terapia Individual	2 veces	semanalmente
Terapia de Grupo	4 veces	semanalmente
Consulta Médica	1 vez	mensualmente
Terapia recreativa	5 veces	semanalmente
Administración conductual	6 veces	mensualmente
Terapia Individual	2 veces	semanalmente

Medicinas: Prozac; 30 mg en la mañana
Risperadol; 2 mg en la mañana

Comentario: El equipo interdisciplinario le recordó a la señora Juana M. L. que ella no podía tener contacto directo con la paciente hasta que un juez determinara lo contrario. También se le recordó que la paciente no podía regresar a vivir con ella hasta que no se cumplieran todas las estipulaciones requeridas por la Corte. A la señora M. L. se le invitó a que llamara por teléfono cada vez que ella quisiera saber acerca del progreso de su hija. Clínicamente, la paciente no ha tenido suficiente tiempo en el programa para poder identificar de qué manera el abuso, tanto físico como sexual, le ha impactado su vida.

Recomendaciones: Se recomienda que la paciente continúe recibiendo los mismos servicios clínicos y que sus objetivos individuales se mantengan sin cambios.

**Magíster Giovanna De León
Psicóloga Clínica**

APÉNDICE D

139

Reporte de la Terapia Familiar

Catalina Álvarez

140

REPORTE DE LA TERAPIA FAMILIAR

Nombre del Paciente: Luisa V.
Fecha de Admisión: 01-01-00
Fecha de Hoy: 1 de abril de 2000
Nombres de las Personas que Participan en la Terapia Familiar: Juana M. L. (madre) y Luisa V. (paciente)
Nombre de la Psicoterapeuta: Magíster Catalina Álvarez
Titulo del Psicoterapeuta: Psicoterapeuta Matrimonial y Familiar

La señora Juana M. L. y la señorita Luisa L. recibieron terapia familiar en las siguientes fechas: el 1,15 y 29 de marzo y el 5 de Abril de 2000. La señora M. L llegó puntualmente y las sesiones que duraron aproximadamente una hora.

En la reunión interdisciplinaria que se llevó a cabo el 22 de febrero del presente año, se discutió conjuntamente con las otras personas involucradas en este caso el procedimiento que se debía seguir para facilitar la reunificación de esta familia. Durante esta misma reunión, el equipo interdisciplinario aprobó que la paciente Luisa V. comenzaría a pasar los fines de semana con su mamá.

La paciente Luisa V. y su mamá la señora Juana M. L. han estado recibiendo terapia como parte del Programa de Reunificación Familiar auspiciado por la Escuela Comunitaria Primer Ciclo Guerra. El objetivo fundamental de este programa es la reunificación familiar entre la paciente y su mamá. La Escuela Comunitaria Primer Ciclo Guerra ha asignado a un especialista en administración conductual para que visite la casa de la paciente hasta seis veces al mes. Durante estas visitas, la especialista, le enseñará a la madre nuevas técnicas conductuales para que ella aprenda a disciplinar y a comunicarse efectivamente con su hija. Solo ha habido un reporte en donde la especialista llegó a la casa de la paciente y no había nadie.

Durante el transcurso de la terapia familiar, la psicoterapeuta ha continuado trabajando con la paciente y su mamá, para que aprendan a diferenciarse, una de la otra, y a establecer límites. También, se ha trabajado en la implementación de una estructura familiar sólida, se le ha ofrecido apoyo, y se le ha enseñado a la señora Juana M. L. a supervisar los patrones de alimentación de su hija. Se estima que la señora Juana M. L. se ha beneficiado de la terapia recibida hasta ahora. Las observaciones clínicas indican que ambas partes se han beneficiado de la terapia familiar, y que la habilidad para comunicarse entre ellas ha mejorado significativamente. La señora Juana M. L. también ha tomado clases para padres eficaces y ha reportado que las clases "la han ayudado mucho".

La señora Juana M. L. ha reportado que ella ha completado la evaluación psicológica y siquiátrica ordenada por el juez, pero que todavía tiene pendiente finalizar el curso para menores sexualmente abusados.

La paciente Luisa V. ha completado la evaluación psicológica ordenada por el mismo juez el 16 de febrero de 2000.

Esta psicóloga se ha mantenido en contacto con todas aquellas personas legalmente involucradas en este caso, con el fin de reportar el progreso de la paciente en la terapia familiar.

Recomendaciones:

1. Se recomienda que esta paciente sea dada de alta, y sea reunificada con su madre la señora Juana M. L.
2. Se recomienda que la paciente Luisa V. continúe con sus estudios académicos.
3. Se recomienda que esta familia continúe recibiendo tratamiento clínico como son terapia individual y de grupo.
4. Se recomienda que la paciente Luisa V., continúe bajo supervisión médica.

Magíster Catalina Álvarez
Psicoterapeuta Matrimonial y Familiar

144

APÉNDICE E

Plan de Tratamiento del Paciente

Harry Henshaw

146

PLAN DE TRATAMIENTO DEL PACIENTE

Nombre del Paciente: Luisa V.
Fecha: 3 de Marzo del 2000

Objetivos a Largo Plazo:

1. ____
2. ____
3. ____

Virtudes del Paciente:

1. ____
2. ____
3. ____
4. ____
5. ____

Área de Conflicto:

Conflicto:

____
____

Objetivo Final:

____
____

Objetivos a Corto Plazo:

____
____
____
____

Área de Conflicto:

Conflicto:

____

____

Objetivo Final:

____

____

Objetivos a Corto Plazo:

____

____

____

____

Área de Conflicto:

Conflicto:

____

____

Objetivo Final:

____

____

Objetivos a Corto Plazo:

____

____

____

____

Firma del Paciente: _______________________________
Firma del Psicoterapeuta: ___________________________

INDICE